Leben in der
Patchwork-Familie

Natascha Becker

Leben in der Patchwork-Familie

So gelingt der neue Familienmix

Die Deutsche Bibliothek - CIP-Einheitsaufnahme

Becker, Natascha:
Leben in der Patchwork-Familie : so gelingt der neue Familienmix / Natascha Becker. - Köln : vgs, 2001
ISBN 3-8025-1455-6

Redaktion: Alexandra Panz
Lektorat: Marcus Reckewitz, Bonn
Produktion: Susanne Beeh
Umschlagfoto: Tony Stone Images
Umschlaggestaltung: Sens, Köln
Satz: Greiner & Reichel, Köln
Druck: Pustet, Regensburg
ISBN 3-8025-1455-6

Besuchen Sie uns unter www.vgs.de

Inhalt

1. Einleitung **7**
Zusammengeflickt – was ist eine Patchwork-Familie? 7
Patchwork – ein Zukunftsmodell? 9

2. Eine Familie setzt sich zusammen **12**
Beschnuppern und kennen lernen 12
Wir gründen eine Familie 22
Übermutter, Ersatzvater, gute Freundin,
väterlicher Freund? 34
»Meine Kinder, deine Kinder…« 41
Ansichtssache 48
Wenn's dauernd kracht 52
Eifersüchtig? 57
Die Vergangenheit lässt grüßen 76

3. Alles, was »Recht« ist **90**
Was Stiefeltern so alles (nicht) dürfen 90
Adoptieren – ja oder nein? 99
Das liebe Geld 102

4. Patchwork bei Homosexuellen   **112**

Zwei Mamas, zwei Papas?   112

Der rechtliche Stand der Dinge   120

5. Patchwork – mehr Chancen als Handicaps!   **125**

Heile Welt ade?   125

Eine Bereicherung für alle   131

6. Rat und Hilfe   **134**

Erziehungs- und Familienberatung   134

Psychotherapeutische Beratung   135

Selbsthilfegruppen   136

Kinder   137

Homosexuelle   138

Register   **139**

1. Einleitung

Zusammengeflickt – was ist eine Patchwork-Familie?

Patchwork – laut Duden eine Technik, bei der Stoff- oder Lederflicken aus verschiedensten Formen, Farben oder Mustern harmonisch zusammengesetzt werden.

Die Familie als Flickenteppich? Nicht ganz. Aber viele Lebensgemeinschaften – in welchen Konstellationen auch immer – sind heutzutage schon recht bunt zusammengewürfelt. Und ihre Mitglieder wollen eigentlich nicht mehr und nicht weniger: Den Alltag so gestalten, dass alle Beteiligten mit ihren unterschiedlichen Erwartungen, Hintergründen und Persönlichkeiten zufrieden und harmonisch miteinander leben können.

Die Varianten sind zahlreich

Was also kann man tun, damit das Zusammenleben auch wirklich klappt? Ein Patentrezept für Patchwork-Familien gibt es nicht, genauso wenig, wie es die klassische Patchwork-Familie überhaupt gibt. Denn die Formen des Zusammenlebens sind ebenso vielfältig, wie es die Menschen sind: Ein Partner bringt ein Kind (oder mehrere) mit in eine neue Beziehung, manchmal sind es auch beide Partner. Bisweilen gesellen sich Kinder aus anderen vorangegangenen Beziehungen dazu. Vielleicht aber lebt der Nachwuchs noch in seinem alten Zuhause, zusammen mit einem neuen Stiefvater oder einer neuen Stiefmutter und Stiefgeschwistern. Auch nicht selten: Das neue Paar bekommt zusätzlich neuen Nachwuchs und lebt dann mit seinen, ihren und den gemeinsamen Kindern zusammen unter einem Dach. Besonders aufsehenerregend: Neuerdings bekennt sich hin und wieder ein Elternteil zu seiner Homosexualität und möchte fortan das Leben mit dem neuen Partner, dem eigenen Kind oder mit dem Kind des Partners unter einen Hut bringen.

Als Familie zusammenwachsen

Welche Konstellation auch immer, ob kompliziert oder überschaubar: Alles ist möglich – und alles kann funktionieren! Der Wunsch, es diesmal richtig zu machen, ist wohl bei allen der Motor, sich auf das Abenteuer Patchwork-Familie einzulassen. Im Gepäck: die Altlasten zerbrochener Beziehungen, unerfüllte Erwartungen und verletzte Gefühle. Nicht zuletzt bei den Kindern, die unter der Trennung ihrer Eltern leiden, sie vielleicht wieder zusammenbringen wollen und den neuen Partner von vornherein ablehnen.

Fehler machen – das ist normal!

Auf dem Weg durch den Alltagsdschungel einer Patchwork-Familie warten zahlreiche Stolpersteine – und es ist völlig normal, den ein oder anderen Fehler zu machen, mal nicht so zu reagieren, wie es vielleicht besser gewesen wäre. Wichtig ist vor allem, dass sich alle die Zeit lassen, die sie brauchen, um als harmonische Patchwork-Familie zusammenzuwachsen. Das kann sehr schnell gehen, unter Umständen kann es aber auch Jahre dauern, bis alle Beteiligten der neuen Gemeinschaft ihre neue Rolle gefunden haben und sich darin wohl fühlen.

Eine »normale« Familie wächst langsam zusammen – eine Patchwork-Familie ist man von einem Tag auf den anderen: Der Junggeselle findet sich plötzlich als »Vater« von Schulkindern wieder, die Mutter zweier Kinder muss nun derer vier bändigen, die neue Partnerin, einst eingefleischter Single, wird am Wochenende womöglich mit den Kindern ihres Freundes und der Ex-Partnerin konfrontiert. Das birgt natürlich Zündstoff. Wer sich also von dem Anspruch verabschiedet, dass alles von Anfang an wie am Schnürchen laufen muss, hat schon den ersten Schritt zur harmonischen Patchwork-Familie getan. Und mit Hilfe dieses Ratgebers können Sie so manchem Stolperstein aus dem Weg gehen – und die Chancen nutzen, die der Familien-Mix sowohl den Kindern als auch den Eltern bietet. Denn Kompromissbereitschaft, Teamfähigkeit und Toleranz sind Eigenschaften, die in einer zusammengewürfelten Lebensgemeinschaft viel bewusster und stärker gefördert werden als in traditionell zusammengewachsenen Familien.

Patchwork – ein Zukunftsmodell?

Die Stiefmutter, der Stiefvater – schon Kindern wird in Märchen die Botschaft vermittelt: Diesen Menschen darfst du nicht trauen! Sie sind böse, ziehen ihre eigenen Kinder grundsätzlich vor und jagen dich schließlich in den Wald, wenn sie nicht schon vorher versucht haben, dich umzubringen.

Nun spielen all diese Märchen in einer Zeit, in der die traditionelle Familie unantastbar war. Stiefeltern kamen bestenfalls dann ins Spiel, wenn Mutter oder Vater gestorben waren. Die Märchen gibt es noch heute, die Gesellschaft allerdings hat sich gewandelt. Und zwar gründlich.

Rund zehn Millionen Familien leben zurzeit in Deutschland, etwa 1,5 Millionen davon sind bunt zusammengewürfelt – manche Experten gehen sogar von bis zu 2,5 Millionen Patchwork-Familien aus. In einem Punkt sind sich jedoch alle einig: In Zukunft wird diese Zahl noch ansteigen. Jüngsten Prognosen zufolge wird etwa jedes zweite Kind, das im Moment zur Welt kommt, bei nur noch einem leiblichen Elternteil aufwachsen.

Die Familie verändert sich

Beziehungen werden immer instabiler und kurzlebiger. Gründe dafür gibt es genug: Vor allem eine immer höhere Erwartungshaltung an die eigene Partnerschaft macht Männer wie Frauen unzufrieden mit dem, was sie haben. Waren Ehepartner früher meist gezwungen, sich irgendwie zu arrangieren, kann man heute sein Glück viel leichter mit einem neuen Partner versuchen. Zudem sind viele Frauen heute finanziell unabhängiger als früher und nicht mehr gezwungen, in einer unglücklichen Partnerschaft auszuharren. Und last, but not least trifft heute eine Scheidung auf eine weitaus höhere gesellschaftliche Akzeptanz. Die Hemmschwellen zur Trennung liegen also alles in allem deutlich niedriger, als es früher der Fall war.

Die Folge: Immer mehr Paare trennen sich, die Scheidungsrate steigt. Derzeit treffen sich 36 Prozent der einstigen Brautpaare vor dem Scheidungsrichter wieder, hinzu kommen die Trennungen unverheirateter Paare. Damit nimmt auch die

Zahl der allein Erziehenden zu, die sich in den meisten Fällen wieder einen neuen Partner suchen. So ersetzen die zusammengewürfelten Lebensgemeinschaften immer mehr die traditionellen Familien. Bei Kindern aus Patchwork-Familien wiederum ist die Wahrscheinlichkeit, dass sie später selbst eine Patchwork-Familie gründen, mehr als doppelt so hoch wie bei Sprösslingen aus traditionellen Familien. Ein weiterer Hinweis darauf, dass die zusammengewürfelte Lebensgemeinschaft in Zukunft eher der Normalfall als die Ausnahme sein wird.

2. Eine Familie setzt sich zusammen

Beschnuppern und kennen lernen

Wer sich für einen neuen Partner entscheidet, beweist, dass er stark ist! Denn schließlich hat man bereits eine Trennung hinter sich – vielleicht sogar mehrere –, Träume sind zerplatzt, und die gescheiterten Beziehungen haben ihre Spuren hinterlassen. Es braucht also schon eine gehörige Portion Mut, sich auf etwas Neues einzulassen, es noch einmal zu wagen. Noch dazu mit Kindern im Gepäck, die ihrerseits Abschied nehmen mussten, die die Geborgenheit der früheren Familie vermissen und ihre Eltern am liebsten wieder zusammen unter einem Dach sehen würden.

Ist es diesmal der Richtige?
Frisch verliebt? Man schwebt im siebten Himmel und ist sich sicher: Diesmal klappt's bestimmt! Doch nicht selten meldet sich auch eine warnende innere Stimme. Denn es besteht ja auch in der neuen Beziehung die Gefahr des Scheiterns. Und abgesehen von der eigenen Enttäuschung will man vor allem seinen Kindern eine erneute Trennung ersparen. Sicher, eine

neue Partnerschaft ist immer auch ein Abenteuer mit unge-
wissem Ausgang. Aber wenn man sich nicht kopfüber ins
neue Familienleben stürzt, sondern sich die Zeit nimmt, als
Paar zusammenzuwachsen, stehen die Zeichen für ein Happy
End gar nicht schlecht.

Zeit für Fragen und Antworten

Wenn Oma, Opa oder eine Nachbarin auf Ihr Kind aufpassen
oder wenn es zu Besuch bei seinem anderen leiblichen Elternteil ist: Nutzen Sie jede Gelegenheit, Ihre neue Liebe kennen zu
lernen. Leben Sie die Schmetterlinge im Bauch aus, unternehmen Sie zu zweit, was Ihnen Spaß macht, und nehmen Sie sich
Zeit für lange Gespräche. Nur so können beide feststellen, ob
sie tatsächlich zusammenleben wollen und können und ob sie
für eine Patchwork-Familie wirklich geeignet sind. Es ist jetzt,
in diesem relativ frühen Stadium, die beste Gelegenheit,
grundlegende Fragen zu klären. Etwa die, ob das Interesse Ihres
neuen Partners an Ihren Kindern echt ist, ob er wirklich bereit
ist, sich auf sie einzulassen. Wenn hingegen deutlich wird,
dass der neue Partner den »Anhang« zwar in Kauf nimmt, am
liebsten jedoch gar keine Kinder hätte, sollte man das Projekt
Patchwork-Familie mit besonderer Vorsicht angehen.

Auch mit sich sollte man in dieser Phase durchaus selbst-
kritisch ins Gericht gehen:

- Suche ich wirklich einen Partner oder eigentlich nur einen neuen Vater bzw. eine neue Mutter für meine Kinder?
- Ist es wirklich der Mann, der mir gefällt, oder kann ich ihn
  mir lediglich gut in der Rolle des Familienoberhauptes
  vorstellen?
- Habe ich die Trennung schon überwunden, bin ich wirklich bereit für eine neue Beziehung?

- Hat mein neuer Partner die Trennung, die er hinter sich hat, wirklich verarbeitet oder sucht er nur Trost?
- Wie gehen die Kinder des Partners mit dem Verlust der alten Familie um?

Lassen Sie sich ruhig Zeit, alle Unsicherheiten und Fragen zu klären. Denn so können Sie sich besser auf das Verhalten Ihres Partners einstellen. Haben Sie sich erst mal für die Patchwork-Familie entschieden, werden andere Aufgaben zu lösen sein!

▶ *Und noch was …*
Gerade Mütter plagt oft das schlechte Gewissen, weil sie zu Beginn einer neuen Partnerschaft nicht rund um die Uhr für ihre Kinder da sein können. Sie übersehen dabei nur eins: Nur eine stabile, harmonische Beziehung, die Zeit hat zu wachsen, ist ein solides Fundament für eine Patchwork-Familie. Ein Paar, das in seiner Beziehung glücklich ist, meistert alltägliche Konflikte einfach besser als Partner, die frustriert sind.

Wie sag ich's meinem Kind?

Auch allein Erziehende haben das Recht, sich erst einmal umzuschauen, bis sie sich für einen Partner entscheiden. Um die Kinder aber nicht zu sehr zu verunsichern, sollten Sie sie nicht gleich mit der neuen Bekanntschaft konfrontieren. Wenn sich der Sturm der ersten Verliebtheit gelegt hat, man von Wolke sieben allmählich wieder in den Alltag hinabsteigt und sich entschieden hat, tatsächlich zusammenzubleiben, kommt meist automatisch der Wunsch, endlich alle Beteiligten miteinander bekannt zu machen.

Und dieser ersten Begegnung sehen vermutlich alle mit gemischten Gefühlen entgegen. Wie werden meine Kinder reagieren? Wie seine bzw. ihre? Wie er bzw. sie auf meine? Und wie werde ich auf seine bzw. ihre reagieren?

Wenn der Nachwuchs nicht schon von sich aus gemerkt hat, dass da was im Busch ist, und die Mutter oder den Vater zur Rede stellt, sollte man sich vom eigenen Gefühl für den richtigen Zeitpunkt des Kennenlernens leiten lassen. Natürlich spielt in diesem Zusammenhang das Alter der Kinder eine große Rolle. Aber selbst kleine Kinder verstehen, was ihre Mutter meint, wenn sie sagt, dass sie jemanden kennen gelernt hat, der sehr nett ist, den sie sehr mag und den sie gerne mal mit nach Hause bringen würde.

Bei älteren Kindern kann und sollte man die eigenen Bedürfnisse und Wünsche – nach einem Partner, nach Geborgenheit, nach Liebe – klar und deutlich ansprechen. Auch wenn die Reaktion vielleicht zunächst eher verhalten ausfallen mag, durch eben diese Direktheit und Offenheit werden die Kinder sich ernst genommen fühlen.

Eines allerdings sollten Sie vermeiden: Selbst wenn Sie Ihrem Kind gegenüber Schuldgefühle haben, lassen Sie sich das in keinem Fall anmerken! Im Übrigen sind Schuldgefühle auch nicht angebracht: Sie haben ein Recht auf ein Liebesleben und auf einen Neuanfang mit einem Partner, den Sie lieben!

Das Interesse kommt meist von allein

Dass die Neuigkeit nicht unbedingt wahre Begeisterungsstürme beim Nachwuchs auslöst, ist normal und leicht nachvollziehbar: In der Ein-Eltern-Familie standen die Kinder im Mittelpunkt – ein Luxus, den keiner freiwillig gerne aufgibt. Ein neuer Partner wird da schnell als unerwünschter Eindringling angesehen, der obendrein noch die volle Aufmerksamkeit der Mutter oder des Vaters beeinträchtigt. Darüber hinaus leiden die Kinder vielleicht auch noch unter der Trennung ihrer Eltern oder fürchten, dass auch eine neue Beziehung wieder in eine Trennung münden wird. Deshalb ist es nicht ungewöhnlich, dass die Kinder den neuen Partner oder die neue Partnerin erst einmal gar nicht kennen lernen wollen. In einem solchen Fall wäre es unklug, ein Treffen zu erzwingen. Lassen Sie sich Zeit – irgendwann wird die Neugier siegen!

Anstacheln kann man die kindliche Neugier zusätzlich, indem man immer mal wieder ein bisschen über den neuen Partner erzählt, ein Bild zeigt oder ein kurzes, »zufälliges« Treffen beim Einkaufen arrangiert. Eins ist jedenfalls sicher: Irgendwann wird der Nachwuchs wissen wollen, mit wem sich die Mutter oder der Vater da trifft. Und dann steht dem ersten Kennenlernen nichts mehr im Weg.

Hallo, ich bin der Neue!

Das Wichtigste vor dem ersten Treffen: locker bleiben! Denn selbst, wenn die schlimmsten Befürchtungen eintreten, alle verkrampft miteinander umgehen, nicht wissen, über was sie reden sollen, die Kinder den neuen Partner ignorieren oder ihm offen ihre Ablehnung zeigen – das alles muss nicht bedeuten, dass eine gemeinsame Zukunft unmöglich ist. Für alle ist eine solche Situation eher unangenehm, und sie bedeutet vor allem Stress.

Deshalb sollten sich beide Partner vorher gut überlegen, wo sich alle zum ersten Mal treffen könnten. Denn die richtige Wahl des Orts kann unter Umständen schon viel dazu beitragen, die natürliche Anspannung ein wenig zu lösen. Man sollte sich auch überlegen, in welche Fettnäpfchen der Partner bei den eigenen Kindern treten könnte, und ihn vorher darauf hinweisen. So lassen sich manche Missverständnisse und peinliche Situationen schon im Vorfeld umgehen.

Zu mir oder zu dir?

Hat nur einer der Partner Kinder, die bei ihm wohnen, ist es zum Beispiel sinnvoll, sich dort zu treffen. Der Heimvorteil gibt ihnen Sicherheit, und sie können sich notfalls auch eine Weile zurückziehen. Bringen beide Partner Kinder mit in die neue Beziehung, ist es günstiger, sich erst einmal auf neutralem Boden beschnuppern zu können. Gemeinsame Aktivitäten sind hierfür ideal. Das kann ein Besuch in der Eisdiele, im Zoo oder im Schwimmbad sein, am besten eine Unternehmung, die allen Spaß macht. Überlegen Sie: Gibt es ein Hobby, das Ihre Kinder mit denen des Partners gemeinsam haben? Solche Aktivitäten haben den Vorteil, dass sie die Atmosphäre auflockern und man nicht nach Unterhaltungsthemen zu suchen braucht. Alle Beteiligten können sich ungezwungener kennen lernen.

> ▶ **Und noch was …**
> Vermeiden Sie es nach Möglichkeit, wegen der gemeinsamen Unternehmung einen geplanten Termin ihrer Kinder platzen zu lassen, auf den sie sich schon lange gefreut haben, beispielsweise das Besuchswochenende beim leiblichen Elternteil.

Und – so schwer es auch fallen mag – versuchen Sie nicht, sich zu verstellen! Kinder haben ein untrügliches Gespür für Stimmungen und eine bewundernswerte Menschenkenntnis. Wenn Sie nervös oder unsicher sind, sagen Sie es ruhig! Eine Aussage wie:»Ich bin schon die ganze Zeit aufgeregt, weil ich euch heute endlich kennen lerne«, wird vom Nachwuchs viel eher mit Sympathie honoriert, als wenn Sie versuchen, Ihre Unsicherheit mit aufgesetzter Fröhlichkeit zu überspielen. Die Kinder werden es merken!

Trotz aller Bemühungen und bester Vorsätze: Oft wird das erste Treffen dennoch ein Reinfall. Davon sollte man sich aber in keinem Fall entmutigen lassen. Reden Sie mit Ihrem Partner darüber. Überlegen Sie gemeinsam, was vielleicht schief gelaufen ist, in welchen Situationen man anders hätte reagieren können – und lassen Sie sich Zeit. In den meisten Fällen löst sich der Knoten aber irgendwann von selbst: Kinder entwickeln sich permanent weiter, und so kann sich auch ihre Einstellung zu einem neuen Partner des Vaters oder der Mutter von einem Tag auf den anderen ändern. Und keiner weiß dann eigentlich so genau warum.

Mein Kind lässt meinem Partner keine Chance!

In manchen Fällen sperren sich Kinder jedoch grundsätzlich und dauerhaft gegen die neue Beziehung der Mutter oder des Vaters. Sie ignorieren den Partner, geben patzige oder gar keine Antworten, verschwinden in ihr Zimmer, wenn er zu Besuch kommt, setzen alle Hebel in Bewegung, damit sich ihr Elternteil nicht alleine mit dem neuen Partner treffen kann, sie toben, schreien, weinen, bekommen plötzlich Bauchschmerzen, stören Gespräche und drängen dazwischen, wenn das Paar sich küssen will.

Klar, dass einem da irgendwann der Geduldsfaden reißen kann. Doch Schimpfen, Drohen oder Bestrafen nützt in solchen Situationen überhaupt nichts, es macht alles nur noch schlimmer. Denn in den Augen des Kindes stellen Sie sich damit auf die Seite des Partners, es fühlt sich ausgegrenzt, verlassen, und seine Wut auf Ihren neuen Partner wird immer heftiger.

- Versuchen Sie, das Kind in einem einfühlsamen Gespräch aus seinem Schneckenhaus zu locken.
- Sprechen Sie es offen auf sein Verhalten an – aber natürlich erst, wenn Sie mit ihm allein sind.
- Fragen Sie nach den Gründen für seine ablehnende oder nervende Reaktion, und beschreiben Sie auch, was Sie selbst dabei empfinden.

Es kann sein, dass die Antwort erst einmal lautet: »Ich kann ihn halt nicht leiden, ich weiß auch nicht warum.« Lassen Sie nicht locker. Versuchen Sie herauszufinden, ob es wirklich bestimmte Eigenschaften an Ihrem Partner sind, die das Kind stören, oder ob sich hinter der Ablehnung in Wirklichkeit Ängste und Eifersucht verbergen.

Oft steckt ganz einfach Angst dahinter

Häufig befürchten Kinder ganz einfach, dass der neue Partner sich an die Stelle des getrennt lebenden leiblichen Vaters oder der leiblichen Mutter drängen will. Sie befürchten, diese nun nicht mehr so lieb haben, nicht mehr so oft sehen zu dürfen wie bisher. Sagen Sie Ihrem Kind, dass Sie seine Ängste verstehen, aber dass diese Ängste absolut unbegründet sind. Machen Sie deutlich, dass der andere leibliche Elternteil nach wie vor zum Leben Ihres Kindes dazugehört und es nicht befürchten muss, ihn durch Ihren neuen Partner zu verlieren. Im Gegenteil: Ermutigen Sie Ihr Kind, Ihrem neuen Partner vom leiblichen Vater oder von der leiblichen Mutter zu erzählen. Etwa, welche gemeinsamen Unternehmungen ihm am meisten Spaß machen, was es besonders an seinem leiblichen Elternteil, von dem es getrennt lebt, mag oder am meisten vermisst. So vermitteln Sie Ihrem Kind, dass der neue Partner keine Konkurrenz darstellt, sondern vielleicht sogar eine Bereicherung.

In den meisten Fällen steckt hinter dem eigenwilligen Verhalten jedoch vor allem Eifersucht auf den Neuankömmling. Er bekommt Aufmerksamkeit und Zärtlichkeiten, die bisher ganz alleine den Kindern vorbehalten waren. Er wird in Entscheidungen mit einbezogen, die der kleine Familienrat früher unter sich getroffen hat. »Du hast deinen Freund ja viel mehr lieb als mich!« Dieser Satz und seine zahlreichen Varianten heißen nichts anderes als: »Ich habe Angst, dass du mich jetzt nicht mehr so lieb hast wie früher«, auch wenn das Kind dieses Gefühl so nie zugeben würde.

- Geben Sie Ihrem Kind so viel Geborgenheit wie möglich. Beziehen Sie es in den neuen Familienalltag mit ein, fragen Sie es nach seinen Erlebnissen, seinen Wünschen und achten Sie darauf, dass die Familie zumindest einmal am Tag zusammenkommt – beispielsweise beim Abendessen –, miteinander redet oder gemeinsam spielt.
- Sagen Sie ihm, wie sehr Sie es lieben, egal ob da nun ein neuer Partner ist oder nicht.
- Loben Sie Ihr Kind in Gegenwart Ihres neuen Lebensgefährten, und zeigen Sie auch in seinem Beisein, wie sehr Sie Ihr Kind lieben.

Sie werden vermutlich mehr als ein Gespräch führen müssen, bis Sie dem Nachwuchs deutlich gemacht haben, dass ein erwachsener Mensch eben auch einen erwachsenen Partner braucht, um glücklich zu sein. Und dass dieser Partner Bedürfnisse befriedigt, die ein Kind nun mal nicht befriedigen kann. Dass er aber die Gefühle für das eigene Kind nicht streitig machen oder schmälern kann.

Und es wird wahrscheinlich auch einige Zeit brauchen, bis Ihr Kind in der Beziehung zu Ihrem neuen Partner den ein oder anderen Vorteil für sich selbst entdeckt. Denn vielleicht ist der neuen Lebensgefährte ja Gold wert für die Mathe-Hausaufgaben, vielleicht ist er ein gewiefter Bastelpartner oder ein begeisterter Sportsfreund.

▶ *Und noch was ...*
Wenn Sie und Ihr Kind bisher feste Rituale hatten, beispielsweise das Vorlesen einer ausführlichen Gute-Nacht-Geschichte oder einen bestimmten Tag in der Woche, an dem Sie zusammen einkaufen und kochen, oder eine Fernsehsendung, die Sie sich immer gemeinsam ansehen – behalten Sie diese bei. Wenn Sie bisher keine Rituale hatten, schaffen Sie sich welche. Denn Rituale sind Inseln, die nur Ihnen und Ihrem Kind gehören und die ihm zeigen: Du bist mir wichtig!

All das braucht natürlich seine Zeit – und Geduld. Ein Gespräch alleine kann Kindern nicht ihre Sicherheit zurückgeben. Wichtig ist bei diesem – manchmal langen – Prozess aber auch, dass Sie selbst sich nicht durch unnötige Schuldgefühle hin und her gerissen fühlen. Es ist Ihr gutes Recht, einen Partner zu haben – machen Sie das Ihrem Kind auf jeden Fall deutlich. Wenn es Ihre Sicherheit, die richtige Entscheidung getroffen zu haben, spürt, wird es auch leichter seine eigene Sicherheit wieder zurückgewinnen.

Wir gründen eine Familie

Der Prozess des Kennenlernens ist überstanden. Wie bei fast allen Paaren stehen jetzt neue Fragen an: Soll man zusammenziehen? Wann ist dafür der beste Zeitpunkt? Wo sollen wir überhaupt hin? Ist die Wohnung von einem der Partner groß genug für alle? Und ist es für alle Beteiligten auch in Ordnung, dort einzuziehen? Und vor allem: Wie können wir einen gemeinsamen Haushalt gründen, ohne dass wir uns früher oder später in die Wolle kriegen?

Zusammenziehen – wann, wie und wo?

Irgendwann ist er einfach da: Der Wunsch, jeden Morgen miteinander aufzuwachen und sich ohne großen Aufwand sehen zu können. Besonders wenn Kinder im Spiel sind, ist das Pendeln zwischen zwei Haushalten mit Aufwand und Planung verbunden. Abgesehen davon, dass sich mit einem einzigen gemeinsamen Haushalt in den meisten Fällen einiges an Miet- und Unterhaltskosten einsparen lässt. Was liegt also näher, als Nägel mit Köpfen zu machen und zusammenzuziehen?

> ▶ *Und noch was ...*
>
> Bevor man sich dazu entschließt, eine gemeinsame Wohnung oder ein gemeinsames Haus zu beziehen, sollten alle Beteiligten am besten schon einmal den Alltag miteinander geprobt haben. Das ist auch dann möglich, wenn die Patchwork-Familie in spe zurzeit noch weiter entfernt auseinander wohnt. So lassen sich zum Beispiel die Ferien sehr gut dazu nutzen, in einem der Haushalte – oder in beiden abwechselnd – »auf Probe zu wohnen«. Auch ein gemeinsamer Ur-

laub in einer Ferienwohnung oder in einem Ferienhaus eignen sich für ein solches Experiment. Wenngleich dieser Zustand nicht ganz dem normalen Alltag entspricht, zeigt er doch ziemlich schnell, ob ein Zusammenleben realistisch ist oder ob man nicht doch noch eine Weile mit der gemeinsamen Wohnung warten sollte.

Haben sich beide Partner zu diesem Schritt entschlossen, stellt sich die erste wichtige Frage von selbst: Wo genau soll unser zukünftiges Zuhause eigentlich sein? Zwei Möglichkeiten gibt es in der Regel: Entweder man richtet sich in einer der beiden vorhandenen Wohnungen ein, oder man sucht sich gemeinsam ein neues Zuhause.

Mal wieder: zu mir oder zu dir?

Hat nur einer der beiden Partner Kinder, ist es für die natürlich schöner, wenn sie in der vertrauten Umgebung bleiben können. Ein mögliches Problem bei dieser Lösung: Sind die räumlichen Verhältnisse nicht großzügig genug, müssen alle zusammenrücken, was wiederum zu Spannungen führen kann. Darüber hinaus besteht die Gefahr, dass sich der neue Partner eher als Außenseiter und Eindringling fühlt und von den Kindern auch so behandelt wird.

Gedenkt umgekehrt einer der Partner mit Kind oder Kindern in die Wohnung des kinderlosen Lebensgefährten einzuziehen, weil hier vor allem das räumliche Angebot die Situation des Zusammenlebens enorm erleichtern würde, sollte man im Vorfeld bedenken, dass es den neuen Familienmitgliedern vermutlich schwer fallen wird, sich mit der ungewohnten Umgebung zu arrangieren. Auch für den bisher dort allein lebenden Partner könnte es ein Problem darstellen, in seinem Haushalt nicht mehr das alleinige Sagen zu haben, sich mit Gepflogenheiten oder auch Möbeln abzufinden, die ihm fremd sind, von nun ab aber zu seinem Alltag gehören werden. Und schließlich wird es für viele Menschen, die ihr eigenes Zuhause aufgeben, um zu ihrem neuen Lebenspartner zu ziehen, nicht einfach sein, in der Wohnung oder in dem Haus zu leben, in dem der neue Partner bereits mit seinem Ex-Partner gelebt hat. All diese Dinge sollten im Vorfeld offen angesprochen und geklärt werden, bevor man sich für eine dieser beiden Möglichkeiten entscheidet.

Let's make a new start!

Wenn man sich für keine dieser beiden Varianten erwärmen kann, bleibt nur die dritte Variante: Beide Partner lösen ihren Haushalt auf und ziehen gemeinsam in eine neue Wohnung. Natürlich ist das in der Regel die teuerste Alternative, aber es lohnt sich, wenn auf diese Weise alle zufrieden gestellt werden können. Und sie ist besonders dann ratsam, wenn beide Partner Kinder mit in den neuen Haushalt bringen.

Mit der Frage nach dem »Wohin«, taucht dann schon das nächste Problem auf, vor allem, wenn die beiden Teilfamilien bisher nicht im selben Ortsteil oder gar in derselben Stadt gewohnt haben. Für die Erwachsenen ist es in der Regel wichtig, die Nähe zum Arbeitsplatz beizubehalten. Doch auch für die Kinder sollten die Veränderungen so gering wie möglich gehalten werden. Und ideal wäre es dann noch, wenn Großeltern, Freunde und Babysitter ebenfalls in der Nähe wohnen würden. In der Realität sind all diese Wünsche jedoch selten miteinander vereinbar. Dann heißt es: abwägen und Kompromisse schließen!

Gibt es ein Kind in der Familie, das in der Schule Schwierigkeiten hat oder sich von einer kritischen Phase gerade erst erholt hat? Dann sollte man lieber nicht ihm, sondern eher dem Kind, das keine Probleme hat, sich neue Freunde zu suchen und an neue Lehrer zu gewöhnen, den Schulwechsel zumuten. Ein Kindergartenkind kommt leichter mit einer neuen Gruppe zurecht als ein Schüler in einem neuen Bundesland. Denn die Lehrpläne können in den einzelnen Bundesländern stark voneinander abweichen. So kann es durchaus sein, dass die neue Klasse schon weiter ist als die auf der »alten« Schule, was dem Kind die Umstellung natürlich zusätzlich erschwert.

Prüfen Sie auch, ob ein längerer Weg zur Arbeit durch besonders günstige Bahnverbindungen wieder ausgeglichen werden kann und ob die Familie sich so vielleicht das Zweitauto sparen kann.

Alle machen mit

Alle grundsätzlichen Fragen sollte das Paar zunächst unter sich ausmachen und eine Entscheidung fällen, mit der beide gut leben können. Dann erst ist es sinnvoll, den Nachwuchs gemeinsam schonend auf die anstehende Veränderung vorzubereiten und ihm den Umzug schmackhaft zu machen.

- Beziehen Sie die Kinder in die weiteren Entscheidungen mit ein.
- Lassen Sie sie aktiv bei der Wohnungssuche mitmachen. Fordern Sie die Kinder auf, ihre Wünsche, Vorstellungen und Ideen einzubringen.
- Und gestehen Sie ihnen Freiheiten zu, wenn es darum geht, das eigene kleine Reich einzurichten.

Die Wahl der Wohnung hängt natürlich maßgeblich von der Größe der Patchwork-Familie ab, die sie bevölkert. Wenn möglich, sollte sie für jeden – auch für die Erwachsenen – einen Platz bieten, an den er sich zurückziehen und ungestört arbeiten, spielen oder seinen Gedanken nachhängen und entspannen kann. Hat ein Mitglied der Familie ein besonderes Hobby, sollte auch darauf Rücksicht genommen werden. Eine aufwändige Modelleisenbahn braucht eben ihren Platz – auch im neuen Domizil. Wird oft lautstark musiziert, macht es keinen Sinn, in eine Hausgemeinschaft zu ziehen, die besonderen Wert auf Ruhe legt. Außerdem sollte es in der neuen Wohnung einen Ort geben, an dem sich alle zusammensetzen und miteinander essen, spielen oder reden können. Das kann auch die Küche sein, wenn ein Tisch hineinpasst, an dem alle Platz finden.

▶ *Und noch was ...*

Hat einer der beiden Partner Kinder, die an den Wochenenden zu Besuch kommen, sollten auch diese in die Planung einbezogen werden: Wo können sie schlafen und ungestört spielen oder lesen? Wie groß muss das Esszimmer oder die Küche sein, damit alle an einen Tisch passen, ohne dass zuvor die komplette Wohnung umgeräumt werden muss? Praktisch ist es, den kleinen Gästen auch einen festen Platz einzuräumen, an dem sie ihre Sachen deponieren können. Das spart lästiges Kofferein- und -auspacken und erleichtert es den Kindern gleichzeitig ein bisschen, sich zu Hause zu fühlen.

Alltag will gelernt sein

Ist die richtige Wohnung gefunden, kann das Chaos beginnen. Doch bevor sich alles an die Umzugskisten stürzt, ist es erst einmal Zeit für einen Familienrat, um zu klären, wie das zukünftige Zusammenleben gestaltet werden soll und welche Spielregeln gelten. Das ist oft gar nicht so einfach. Schließlich treffen zwei eingespielte kleine Teams aufeinander, die von jetzt an eine Mannschaft bilden sollen.

Am besten ist es, wenn beide Partner sich vorher einig werden, was sie voneinander und von den Kindern erwarten:

■ Wie viele Aufgaben sollten die Kinder im Haushalt übernehmen?
■ Wie viel Taschengeld gibt es?
■ Wie steht es mit dem Weggehen, wann muss der Nachwuchs abends zu Hause sein?

In diesen Fragen sollte das Paar an einem Strang ziehen und – falls beide Kinder mit in die Beziehung bringen – eine einheitliche Linie für alle festlegen. Sagen Sie sich offen, was Sie von Ihren eigenen Kinder und/oder denen des Partners erwarten, welche Erziehungsmaßstäbe für Sie wichtig sind und in welchen Situationen Sie schon mal beide Augen zudrücken. Wichtig ist auch, dass sich die Erwachsenen über die Rollen einig und im Klaren sind, die sie selbst in der neuen Gemeinschaft erwarten:

■ Wer ist in welchem Umfang für den Haushalt zuständig?
■ Was wird aus der Haushaltskasse bezahlt?
■ Wer ist Ansprechpartner für den Nachwuchs, wenn das Taschengeld ausgeht?
■ Beziehen Sie auch die leiblichen Elternteile und gegebenenfalls die Kinder ein, die nur an den Wochenenden zu Besuch kommen? Wie fügen sie sich in das neue Familienleben ein, und wie können die Besuchsrechte geregelt werden?

Je mehr Punkte geklärt werden, bevor das Abenteuer Patch-work-Familie beginnt, desto weniger Reibungspunkte werden im gemeinsamen Alltag entstehen.

Mitspracherecht für »Große« und »Kleine«

Vor der Einberufung des Familienrats sollten sich aber nicht nur die Erwachsenen überlegen, welche Punkte besprochen werden sollen. Auch die Kinder sind aufgefordert. Eine der wichtigsten Fragen ist meist, wer welche Aufgaben im Haushalt übernimmt. Hier können ältere Kinder natürlich mehr Aufgaben übernehmen, sie sollten dabei aber auch nicht überfordert werden. Die naturgemäß »lästige Sklaverei« lässt sich übrigens erheblich versüßen, wenn nach getanem Werk eine kleine Belohnung winkt. Das kann eine gemeinsame Unternehmung sein, die Lieblingssendung im Fernsehen, ein Spiel an Mamas Computer oder das Leibgericht zum Abendessen. Mit solchen Verlockungen vor Augen lassen sich ältere Geschwister auch schon mal dazu verleiten, auf kleinere Geschwister, Stiefgeschwister oder Halbgeschwister aufzupassen!

▶ *Und noch was ...*

Ein beliebtes und immer wiederkehrendes Thema an runden Familientischen ist die Benutzung des Bade-zimmers: Wer darf sich wann und wie lange in diesem Tempel der Sauberkeit aufhalten, und wie hat dieser auszusehen, wenn man ihn wieder verlässt. Besonders im Interesse eines friedlichen morgendlichen Ablaufes sollte dieser Punkt eindeutig geklärt werden – je mehr Familienmitglieder sich ein Bad teilen, desto wichtiger.

Gemeinsame Rituale entwickeln

Scheuen Sie sich nicht, das Ergebnis der gemeinsamen Über-
legungen schriftlich in einer Art Familienplan zu fixieren, der
die Aufgaben jedes Einzelnen ebenso beinhaltet wie feste gemeinsame Termine, beispielsweise einen Spiele- oder Koch-
abend. Solche Fixpunkte können der neuen Familie helfen,
gemeinsame Rituale zu entwickeln und sich besser kennen zu
lernen. Außerdem bieten sie eine gute Gelegenheit, Unstimmigkeiten anzusprechen, bevor sie sich zu Konflikten aus-
wachsen.

Es gibt also viel zu beachten und zu klären, bevor Sie Ihre
neue Familie gründen, und erst recht, wenn Sie schließlich eine Familie sind. Einen Fehler sollten Sie aber in keinem Fall
machen: Versuchen Sie nicht, so zu tun, als seien Sie eine
»ganz normale« Familie. Das sind Sie nicht. In Ihrer Patchwork-Familie werden Sie immer wieder auf die Notwendigkeit, aber auch auf die großartige Chance stoßen, neue Formen
und Regeln des Zusammenlebens zu finden, zu erproben und
manchmal auch wieder über Bord zu werfen.

Zusammenziehen gegen den Willen der Kinder?

Was aber ist, wenn die Kinder sich mit dem Gedanken, künf-
tig mit Ihrem neuen Lebenspartner unter einem Dach zu leben, ganz und gar nicht anfreunden können? Wenn sie sich
nur widerwillig gemeinsamen Aktivitäten anschließen oder
sich gänzlich verweigern? Wenn sie sogar mit offener Aggres-
sion auf die Situation reagieren?

Da hilft nur Verständnis. Verständnis dafür, dass das Kind
einer Familie nachtrauert, die es so nicht mehr haben kann. Es
glaubt, Sicherheit und Geborgenheit nur mit seinen leiblichen
Eltern haben zu können, der neue Partner wird lediglich als
Störenfried empfunden, der jede Chance, dass es wieder so

wird wie früher, zunichte macht. Wenn sich das Kind zurückzieht, aggressiv wird oder bewusst jede harmonische Situation zerstört, ist dies in erster Linie auf Unsicherheit, Hilflosigkeit, Trauer und Wut zurückzuführen. Versuchen Sie immer wieder, mit Ihrem Kind zu reden und ihm zu zeigen, dass Sie es trotz aller Veränderungen lieben.

Das ist nicht immer leicht und belastet das Familienklima. Auch die Partnerschaft wird durch die anhaltende Verweigerung eines Kindes auf eine harte Probe gestellt und verlangt von beiden Partnern sehr viel Geduld: Der leibliche Elternteil sitzt zwischen zwei Stühlen, der abgelehnte Partner gibt sich zwar oft Mühe, wird aber zurückgewiesen.

Ob Sie unter diesen verschärften Bedingungen trotzdem in einer gemeinsamen Wohnung leben möchten, können nur Sie alleine mit ihrem neuen Partner entscheiden. Doch bedenken Sie: Wenn das Kind spürt, dass es mit seinem Verhalten den gewünschten Erfolg erzielt hat, wird es diese bewährte Strategie auch in Zukunft immer wieder anwenden. Deswegen kann es sich durchaus lohnen, eine – unter Umständen lange – Durststrecke durchzustehen.

Viel Liebe – aber auch viel Konsequenz

- Erklären Sie Ihrem Kind, dass Sie es lieben und seine Situation nachvollziehen können.
- Erklären Sie ihm aber auch Ihre eigene Situation, die Gründe, warum Sie gerade mit diesem Partner eine gemeinsame Familie gründen wollen.
- Fragen Sie Ihr Kind, wie es sich das Familienleben vorstellt und welchen Platz es darin haben möchte.
- Und: Lassen Sie es in Ruhe, wenn es in Ruhe gelassen werden möchte. Zeigen Sie ihm aber offen, dass Sie sich darüber freuen würden, wenn es seine Distanz aufgeben würde.

- Bleiben Sie konsequent. Das heißt, zeigen Sie dem Kind gegenüber kein schlechtes Gewissen und keine Unsicherheit, ob Ihre Entscheidung vielleicht doch falsch war.
- Versuchen Sie, ruhig zu bleiben, Gelassenheit und Sicherheit auszustrahlen – auch wenn Sie am liebsten einmal laut losbrüllen würden.
- Ihr Partner sollte sich in dieser Zeit zurückhalten und Kritik nicht unbedingt im Beisein des Kindes äußern. Vielmehr sollte er signalisieren: Ich lasse dich in Ruhe, aber ich bin da, wenn du mich brauchst.

Auf diese Weise ist es möglich, das Eis nach und nach zu brechen. Doch in den meisten Fällen dauert es seine Zeit – und es braucht viel Geduld.

Zeit für uns zwei

Bei all den Aufgaben, die die frisch gebackenen Eltern einer Patchwork-Familie lösen müssen, sollten sie jedoch eins nicht vergessen: Sie sind immer noch ein Liebespaar – und sie sollten es auch bleiben!

Studien belegen es: Nur wenn die Beziehung der Eltern stabil und glücklich ist, ist es auch der Familien-Mix der beiden. Aber gerade der Familienalltag lässt die Beziehung oft in den Hintergrund treten. Dagegen kann und sollte man etwas tun! So wichtig Rituale für Ihre Kinder sind, so wichtig sind sie auch für Sie und Ihren Partner: Nehmen Sie sich jeden Tag, zum Beispiel abends, wenn die Kinder im Bett sind, ausreichend Zeit, um über das zu reden, was jeder von Ihnen erlebt hat, über die schönen Erlebnisse wie über Probleme, die Sie gelöst haben oder die Sie gemeinsam lösen müssen.

Diese Zeit lässt sich auch nutzen, um über Erziehungsfragen zu diskutieren. Jetzt dürfen Sie ruhig unterschiedlicher

Meinung sein – wenn die Kinder wieder dabei sind, sollten Sie an einem Strang ziehen.

► *Und noch was ...*

Sie haben Ihre Meinung, Ihr Partner eine andere, und Sie kommen einfach zu keinem Ergebnis? Wenn die Fronten total verhärtet sind, versuchen Sie es doch einmal mit einem kleinen Rollenspiel: Sie schlüpfen in die Rolle Ihres Partners, Ihr Partner schlüpft in Ihre Rolle. Jeder muss sich nun in die Situation des anderen hineindenken und aus dessen Sicht argumentieren. Aber nicht halbherzig, steigern Sie sich ruhig hinein! Das hilft oft, einander besser zu verstehen und wieder aufeinander zuzugehen.

Gemeinsam ins Kino oder Essen gehen, zusammen Sport treiben oder einen langen Spaziergang machen – für andere Paare ist das eine Selbstverständlichkeit. Auch Ihnen stehen solche Pausen vom Alltag zu! Haben Sie kein schlechtes Gewissen, die Kinder vielleicht einmal in der Woche von der Oma, der Nachbarin oder einem Babysitter hüten zu lassen. Letzterer kostet natürlich Geld, aber: Sich mal wieder wie ein verliebtes Paar fühlen und nicht wie vernünftige, ewig ausgleichende Eltern – das ist unbezahlbar. Wenn möglich, sollten Sie an solchen Abenden auch vermeiden, über die großen und kleinen Probleme der Familie zu reden. Versuchen Sie einfach mal abzuschalten.

▶ **Und noch was ...**

Sie nehmen sich immer wieder vor, gemeinsam aus-
zugehen, aber ständig kommt irgendetwas oder ir-
gendwer dazwischen? Kleiner Trick: Machen Sie diese Abende zu einem festen Termin, den man nicht so
leicht absagen kann: Belegen Sie beispielsweise gemeinsam einen Kurs, und gehen Sie danach gemeinsam Essen. Ein Essen lässt sich immer wieder ver-
schieben – ein Volkshochschul- oder Tanzkurs nicht.
Oder treffen Sie sich an einem bestimmten Abend in
der Woche mit Freunden. Die würden es Ihnen übel
nehmen, wenn Sie ein paar Mal hintereinander einfach absagen.

Freiräume bewahren

Die Zeit, die Sie als Paar miteinander verbringen, ist wichtig.
Genauso wichtig ist es jedoch auch, dass jeder der Partner seinen eigenen Freiraum behält. Auch wenn jeder für die neue
Patchwork-Familie persönliche Abstriche machen muss: Eigene Hobbys und alte Freundschaften sollte jeder für sich
auch weiterhin pflegen dürfen. Sonst laufen Sie Gefahr, sich
irgendwann eingeengt und unzufrieden zu fühlen. Und das
wirkt sich auf die Beziehung wie auch auf die ganze Familie
gleichermaßen negativ aus.

Auch wenn es manchmal nicht so leicht fällt: Gönnen Sie
Ihrem Partner unbedingt seinen Abend in der Kneipe oder im
Sportverein. Vor allem wenn er bis vor kurzem noch gar keine Kinder hatte, ist es für ihn wichtig zu spüren, dass er sein
»altes« Leben nicht vollständig aufgeben muss. Klar: Wenn er
nur noch auf Achse ist und Sie sich immer mehr alleine gelassen fühlen, sollten Sie darüber reden. Wichtig ist, das Maß zu
finden, mit dem sich beide wohl fühlen. Dazu gehört selbst-

verständlich, dass auch Sie sich das Recht auf »Alleingänge« herausnehmen. Auch wenn Sie sich vielleicht müde und ausgelaugt fühlen und den Abend am liebsten auf dem Sofa verbringen würden: Gehen Sie aus! Es muss ja nicht gleich die nächste Disco sein. Wie wär's zum Beispiel mal mit einem Abend in der Sauna oder mit einer schönen Massage? Danach fühlen Sie sich garantiert wieder besser.

> **Und noch was ...**
> Wer abschalten möchte, der ist vielleicht mit einem Kurs für Entspannungstechniken – beispielsweise autogenes Training, Yoga, Meditation – gut beraten. Diese Techniken lassen sich auch gut in den Alltag einbauen und können helfen, in Stresssituationen leichter die Nerven zu behalten.

Übermutter, Ersatzvater, gute Freundin, väterlicher Freund?

Der Traum vieler Patchwork-Familien ist es, nach außen wie nach innen eine ganz normale Familie zu sein. Ein Traum, den Sie allerdings möglichst schnell vergessen sollten, denn eine traditionelle, »gewachsene« Familie werden Sie nie sein – so harmonisch Ihr Zusammenleben sich in Zukunft auch gestalten mag. Doch was für den einen eine durchaus annehmbare Tatsache ist, kann für den anderen eine schmerzliche Erkenntnis sein: Eine Stiefmutter wird niemals die leibliche Mutter ersetzen, ein Stiefvater ebenso wenig den leiblichen Vater. Im Gegenteil: Je mehr Sie versuchen, die Rolle des leiblichen Elternteils auszufüllen, desto größer ist die Wahrscheinlichkeit, dass sowohl Sie selbst als auch die Kinder und nicht zuletzt auch die leiblichen Eltern sich in dieser Situation unwohl fühlen werden. Warum also nicht die Chancen nutzen, die sich mit der neuen Konstellation bieten, und einen eigenen Weg finden, in der jeder den Platz einnimmt, der zu ihm passt und den er auch wirklich ausfüllen kann?

Die Kinder des Partners

Besonders Frauen neigen dazu, die Kinder des Partners zu »bemuttern«, sie mit Liebe und Fürsorge zu überschütten und eigentlich die bessere Mutter sein zu wollen – selbst dann, wenn die Kinder nur an den Wochenenden zu Besuch kommen. Aber auch Männer sind vor der Versuchung nicht gefeit, den leiblichen Vater ersetzen zu wollen. Vor allem, wenn sie mit den Kindern ihrer neuen Partnerin unter einem Dach leben und sich mit der Zeit natürlich auch für deren Nachwuchs verantwortlich fühlen.

Kein Zweifel: Die meisten Stiefmütter und -väter haben dabei nur Gutes im Sinn und möchten den Kindern Sicherheit bieten. Nicht zuletzt wollen sie aber auch dem Partner beweisen, dass sie seine Kinder genauso in ihr Herz geschlossen haben wie ihn selbst. Das Ganze hat allerdings gleich mehrere Haken. Zum einen: Es stimmt nicht, dass man die Kinder des Partners von Anfang an ins Herz geschlossen hat, als wären es die eigenen. Selbst wenn man wollte – es geht gar nicht. Was ja an sich nichts Schlimmes ist, denn wer, außer einem selbst, erwartet das? Die Kinder jedenfalls in der Regel nicht. Sie empfinden zu großes »Bemuttern« oder »Bevatern« eher als einen Versuch, den leiblichen Vater oder die leibliche Mutter zu ersetzen und damit auszubooten, was ihnen natürlich zutiefst widerstrebt. Die Folge: Sie ziehen sich zurück oder reagieren mit Ablehnung. Nicht selten folgt dann ein Teufelskreis: Der

Stiefvater oder die Stiefmutter denken, nicht genug auf den Nachwuchs eingegangen zu sein und verstärken ihre Bemühungen. Die Kinder ziehen sich daraufhin nur noch mehr zurück. Irgendwann ist dann der Punkt erreicht, an dem alle restlos entnervt und frustriert sind – es herrscht Streit oder eisiges Schweigen statt Harmonie und Familienleben.

Lass uns Freunde werden

Aber so weit muss es gar nicht kommen. Im Gegenteil: Es ist durchaus möglich, ein sehr inniges Verhältnis zu den Kindern des Partners zu entwickeln, sie zu einem wichtigen Teil im eigenen Leben werden zu lassen und selbst ein Vertrauter und Anlaufpunkt für sie zu werden. Aber das braucht vor allem Zeit. Denn auch wenn Kinder, besonders sehr junge, schnell Vertrauen zu anderen Menschen entwickeln, sind Sie für sie zunächst einmal ein Fremder. Außerdem gibt es in der Regel ja noch einen leiblichen Vater oder eine leibliche Mutter – eine bisher wichtige Bezugsperson, die sie vielleicht sehr vermissen. Bemühen Sie sich also gar nicht erst, diese Rolle einzunehmen. Versuchen Sie stattdessen, die Kinder erst einmal in Ruhe kennen zu lernen. Zeigen Sie ihnen, dass Sie sich für sie interessieren und Freundschaft mit ihnen schließen wollen. Zum Beispiel, indem Sie

- ein offenes Ohr für ihre Sorgen und Nöte haben, Ratschläge aber erst dann geben, wenn Sie von den Kindern danach gefragt werden oder spüren, dass sie es von Ihnen erwarten;
- Verhaltensweisen oder Erziehungsstil des abwesenden Elternteils nicht in Anwesenheit der Kinder kritisieren;
- Ihren Partner bitten, den anderen leiblichen Elternteil nicht vor den Kindern zu kritisieren, wenn auch Sie dabei

sind. Solche Probleme sollten er und die Kinder unter sich ausmachen;

■ den Kindern von Anfang an klar sagen: »Ihr könnt jederzeit zu mir kommen, wenn ihr Hilfe braucht oder Probleme habt, und ich freue mich, wenn ich euch helfen kann. Aber ihr müsst nicht, und ich bin nicht eingeschnappt, wenn ihr meine Hilfe oder meinen Rat erst mal noch nicht abrufen wollt.«

■ Sie sich den Kindern schrittweise nähern. Beispielsweise, indem Sie sich von ihnen ihre Hobbys zeigen und erklären lassen, ab und zu einspringen, um sie vom Kindergarten oder von der Schule abzuholen, oder sie alleine mit zum Einkaufen nehmen und danach spontan zu einem Eis einladen. Zeigen Sie aber auch, dass es Sie nicht verletzt, wenn die Kinder Ihre Vorschläge ablehnen – auch wenn Sie in Wirklichkeit verletzt sind.

Gehen Sie also möglichst gelassen auf den Nachwuchs Ihres Partners zu. Haben die Kinder erst einmal Vertrauen zu Ihnen gefasst, werden sie, Sie selbst und auch Ihr Partner die Vorteile eines väterlichen Freundes oder einer mütterlichen Freundin zu schätzen wissen. Denn mit der Zeit werden Sie die Kinder gut genug kennen lernen, um ihr Vertrauter, Verbündeter, vielleicht sogar ihr Vorbild zu sein. Gleichzeitig ermöglicht die größere Distanz zu ihnen, besser vermitteln zu können, wenn mal der Haussegen schief hängt oder es Probleme mit dem getrennt lebenden Elternteil gibt. Gerade weil Sie als Stiefelternteil nicht die volle Verantwortung für den Nachwuchs tragen, haben Sie die Chance, Probleme unbefangener anzugehen und Lösungen zu finden, auf die die leiblichen Eltern nicht gekommen wären.

► *Und noch was ...*

Lassen Sie sich auch von Ihrem Partner nicht in eine Rolle drängen, die Sie im Moment noch nicht ausfüllen können oder wollen. Auch er hat ja unter Umständen das Bedürfnis, dass alle möglichst schnell wie eine normale Familie zusammenleben, und sähe es vielleicht gerne, wenn Sie bereits einen Teil der Verantwortung für die Erziehung der Kinder übernehmen würden. Machen Sie Ihrem Partner klar, dass Sie noch Zeit brauchen, mit den Kindern warm zu werden, dass Sie sich ihnen gerade deshalb nur vorsichtig nähern, um später ein wirklich gutes Verhältnis zu ihnen zu haben.

Wenn die Kinder mehr erwarten

Natürlich gibt es auch Situationen, in denen alles genau anders herum läuft. Wenn nämlich die Kinder des Partners den Stiefvater oder die Stiefmutter möglichst schnell als Ersatz für den leiblichen Elternteil sehen *möchten*. Besonders bei kleineren Kindern kann das der Fall sein – dann heißt man schneller »Mama« oder »Papa«, als einem eigentlich lieb ist.

Natürlich möchte man die Gefühle des Kindes auf keinen Fall verletzen. Schließlich rührt sein Verhalten vor allem daher, dass es wieder die gewohnte Ordnung und Sicherheit in seinem Umfeld herstellen will. Und dazu gehört nun mal, dass eine Mama und ein Papa unter einem Dach leben.

Auch wenn es schwer fällt und die Verlockung, den Vater oder die Mutter zu spielen, groß ist, sollten Sie sich dem kindlichen Druck sanft aber bestimmt widersetzen. Wenn das Kind Sie plötzlich mit »Papa« oder »Mama« anredet, nehmen Sie es liebevoll in den Arm, und sagen Sie ihm freundlich: »Ich bin doch gar nicht dein Papa/deine Mama. Das ist doch der/

die ... Sag ruhig weiter ... zu mir.« Denn nur so bleibt die Rollenverteilung für alle Beteiligten klar, und die Gefahr, dass der Ex-Partner Sie als Konkurrenz betrachtet, wird nicht unnötig erhöht. Auch für das Kind ist es wichtig zu wissen, wer seine »wirklichen« Eltern sind und wer nicht, auch wenn Sie vielleicht später eine viel größere Rolle in seinem Leben spielen werden als der getrennt lebende leibliche Elternteil.

Die eigenen Kinder

Das Gleiche gilt natürlich auch, wenn *Sie* eigene Kinder mit in die neue Beziehung gebracht haben. Geben Sie dem Partner Zeit, sich an die neue Situation zu gewöhnen. Auch wenn Sie bisher allein erziehend waren und sich eigentlich wünschen, endlich Verantwortung abgeben zu können: Überfordern Sie Ihre Kinder und den neuen Partner nicht. Denn die Gefahr, dass diese Familiengründung im Eilverfahren schief geht, ist groß. Und dann fällt es auf Sie zurück, den Konflikt zu lösen und zwischen dem Partner und Ihren Kindern zu vermitteln.

Aus diesem Grund sollten Sie auch konsequent eingreifen, wenn sich Ihr Partner den Kindern gegenüber nicht richtig verhält, sich beispielsweise zu früh oder zu stark in Fragen der Erziehung einmischt, möglicherweise sogar Ihren eigenen Erziehungsstil unterwandert.

Klären Sie zunächst einmal, warum Ihr Partner sich so verhält: Möchte er die Zuneigung der Kinder gewinnen, indem er Dinge erlaubt, die Sie verboten haben? Oder empfindet er Ihren Erziehungsstil als zu lasch und will auf seine Weise »für Ordnung sorgen«? Oder hatte er selbst vielleicht sehr strenge Eltern und möchte den Kindern seine eigenen negativen Erfahrungen ersparen?

Welche Gründe auch immer eine Rolle spielen: Machen Sie Ihrem Partner klar, dass in erster Linie Sie selbst die Verantwortung für Ihre Kinder tragen und deshalb auch die Maßstäbe für deren Erziehung setzen. Natürlich ist niemand perfekt, und die Meinung eines Dritten kann eine sehr nützliche Anregung sein, über die man auch nachdenken sollte. Aber die Entscheidungen müssen Sie selbst treffen und verantworten.

Wenn sich der Partner unwohl oder durch das Verhalten der Kinder nachhaltig gestört fühlt, sollten Sie die auslösenden Faktoren genau eingrenzen und Kompromisse finden: Stört es ihn, dass die Kinder generell zu wenig im Haushalt helfen, oder wäre ihm schon damit geholfen, dass sie ihre Sachen nicht überall in der Wohnung herumliegen lassen? Empfindet er Ihren Erziehungsstil generell als zu streng, oder möchte er den Kindern einfach nur ab und zu erlauben, eine bestimmte Sendung anzusehen oder auch einmal Fast Food zu essen?

Wie auch immer Sie sich entscheiden, ob Sie nun zu Kompromissen kommen oder nicht, *Sie* müssen den Kindern gegenüber vertreten, was Sie erlauben, was nicht und warum. Und diese Entscheidung sollte auch Ihr Partner respektieren und weder in Ihrer Abwesenheit unterwandern noch im Beisein der Kinder kritisieren.

Wenn Grenzen überschritten werden

Bei den einen ist es normal, sich in den Arm zu nehmen und miteinander zu schmusen, bei den anderen kommt das eher selten vor. Die einen haben keine Probleme damit, nackt durch die Wohnung zu laufen, bei den anderen schließt jeder sorgfältig die Badezimmertür hinter sich ab. Jede Familie entwickelt ihre eigene Art, miteinander umzugehen, eigene Rituale, eigene Tabus und ihren eigenen Grad der Freizügigkeit untereinander. Bei Patchwork-Familien ist das nicht anders. Sowohl bei »normalen« wie auch bei zusammengewürfelten

Familien gibt es allerdings Grenzen, die einfach nicht überschritten werden dürfen. Etwa, wenn aus dem liebevollen Umgang des neuen Partners mit den eigenen Kindern echtes körperliches Interesse wird.

Natürlich ist es nicht möglich, im Rahmen dieses Buches auf ein derart sensibles Thema so ausführlich einzugehen, wie es geboten wäre. Merken Sie, dass eine solche Grenze verletzt wird und sich Ihr Partner zum Beispiel in eindeutiger Weise für Ihre pubertierende Tochter interessiert, sollten Sie unbedingt einschreiten und gegebenenfalls professionelle Hilfe in Anspruch nehmen (Adressen siehe Seite 137). Selbst wenn Sie es erst einmal nicht wahrhaben wollen – gehen Sie das Problem an und konfrontieren Sie Ihren Partner damit: Machen Sie ihm klar, dass bestimmte Grundregeln des Zusammenlebens auf jeden Fall eingehalten werden müssen. Schließlich tragen Sie als Erwachsene die Verantwortung für Ihre Kinder.

»Meine Kinder, deine Kinder ...«

Sie haben eine Patchwork-Familie gegründet und stellen plötzlich fest: So sehr Sie sich auch bemühen, die Kinder des Partners ebenso ins Herz zu schließen wie Ihre eigenen – es klappt nicht. Manchmal ertappen Sie sich vielleicht auch dabei, wie Sie den eigenen Nachwuchs hier und da ein ganz klein wenig bevorzugen oder sich über Erfolge der eigenen Kinder einfach mehr freuen als über die der anderen. Wie es sich im Einzelfall auch immer äußert – die eigenen Kinder sind einem irgendwie doch näher als die des Partners.

Das schlechte Gewissen

Natürlich entsprechen solche Gedanken und Handlungen nicht dem hehren Ziel, das man sich gesteckt hat, nämlich alle Kinder gleich zu lieben und gleich zu behandeln. Und das führt oft zu einem schlechten Gewissen. Schließlich erhofft man ja auch von seinem Partner, dass er den eigenen Nachwuchs genauso lieben lernt wie den seinen.

Um es gleich vorweg zu sagen: Es ist zunächst gar nicht möglich, fremde Kinder genauso zu lieben wie die eigenen – auch wenn man sich noch so viel Mühe gibt. Denn Liebe hat eben nichts mit »Mühe geben« zu tun, sie wächst einfach – oder auch nicht. Ihre eigenen Kinder sind Ihnen vertraut, Sie kennen sie seit ihrer Geburt, Sie haben Sie entscheidend nach Ihren Vorstellungen geprägt und mit Ihnen sicher schon manche Höhen und Tiefen erlebt – nicht zuletzt in der Zeit, in der Sie allein erziehend waren. Diese Erfahrungen teilen Sie mit den Kindern des Partners nicht. Im Gegenteil: Auch diese Gemeinschaft ist über Jahre gewachsen und hat so manche Eigenheiten, die Ihnen vielleicht fremd und unverständlich erscheinen. Deshalb ist es völlig normal, wenn Sie den eigenen Nachwuchs ein bisschen bevorzugen, und sei es nur in Gedanken. An diesen Gedanken – oder manchmal auch Handlungen – ist also überhaupt nichts Schlimmes. Lassen Sie Ihre Gefühle ruhig zu. Je weniger Sie versuchen, sich Gefühle für die Kinder des Partners aufzuzwingen und sich mit Selbstvorwürfen zu belasten, wenn es nicht klappt, desto offener sind Sie für die echten Gefühle und die damit verbundene wachsende Vertrautheit, die sich mit der Zeit zwischen Ihnen und den Stiefkindern einstellen wird.

▶ *Und noch was ...*

Verstellen Sie sich nicht! Begegnen Sie den Kindern des Partners offen und respektvoll. Aber versuchen Sie nicht, ihnen Gefühle vorzuspielen, die Sie nicht wirklich empfinden. Kinder haben sehr feine Antennen und spüren, dass Ihr Verhalten nicht echt ist. Und das kann das Entstehen von echten Gefühlen und einen vertrauten Umgang miteinander erst recht beeinträchtigen.

Gerechtigkeit schafft Frieden

Auch wenn Sie das eine Kind etwas mehr mögen als das andere – was übrigens auch bei den leiblichen Kindern vorkommen kann –, sollten Sie den Nachwuchs insgesamt so gerecht und fair wie möglich behandeln.

Dazu gehört beispielsweise, dass Sie

■ sich selbst die Unterschiede in den Persönlichkeiten der einzelnen Kinder bewusst machen;

■ nicht versuchen, den Ehrgeiz des einen Kindes zu wecken, indem Sie ständig auf die besseren Leistungen des anderen hinweisen;

■ Fehler und Schwächen eines Kindes nicht vor den anderen diskutieren, sondern mit ihm alleine darüber sprechen;

■ die Stärken jedes einzelnen Kindes herausfinden, diese loben und auch fördern;

■ gemeinsam mit dem Partner Regelungen treffen, die für alle Kinder – natürlich ihrem Alter entsprechend – gelten, beispielsweise die Höhe des Taschengeldes oder das abendliche Aufbleiben betreffend;

■ es sich verkneifen, das eigene Kind »unter der Hand« zu bevorzugen, beispielsweise indem Sie ihm heimlich noch

einen Zuschuss zum Taschengeld zustecken. Ausnahmen kann es natürlich immer mal geben, dann sollten Sie sie aber auch bei den Kindern des Partners machen;
- versuchen, wenn sich ein Kind ungerecht behandelt fühlt, die Angelegenheit offen und mit allen gemeinsam zu klären. Auch der Partner sollte sich daran beteiligen und helfen, nach einer Lösung zu suchen.

Oft neigt man dazu, von den eigenen Kindern beispielsweise bei den schulischen Leistungen etwas mehr zu erwarten als von den anderen – schließlich liegt einem ihre Zukunft sehr am Herzen. Oder man sieht es nicht so eng, wenn sich der eigene Nachwuchs öfter mal um seine Pflichten im Haushalt drückt, während es einen dann um so mehr stört, wenn die Kinder des Partners sich genauso verhalten. Doch auch wenn's manchmal schwer fällt: Versuchen Sie, an alle Kinder die gleichen Maßstäbe anzulegen.

Ich kann seine Kinder einfach nicht leiden!
Manchmal liegt das Problem nicht darin, dass man die eigenen Kinder mehr mag als die des Partners. Es ist vielmehr so: Man kann Letztere überhaupt nicht leiden! So sehr man sich bemüht, man findet einfach keinen Draht zu ihnen, sie sind und bleiben einem unsympathisch. Und das Schlimme: Es fällt schwer, diese Abneigung zu verbergen.

Eine solche Situation belastet natürlich nicht nur den jeweiligen Erwachsenen, sondern auch die Partnerschaft. Wer wäre nicht gekränkt, wenn der Partner, den man liebt, die eigenen Kinder ablehnt? Es ist so, als würde er einen wichtigen Teil von einem selbst ablehnen. Die Frage ist nur, was man dagegen tun kann. Denn wer will schon auf Dauer mit Menschen unter einem Dach leben, die er nicht leiden kann?

Ursachenforschung

In einer solchen Situation kann es hilfreich sein, sich einem außen stehenden Menschen anzuvertrauen. Ihm gegenüber können Sie offen die Gefühle äußern, die Ihren Partner verletzen und möglicherweise zu einem Streit führen würden. Versuchen Sie, möglichst genau zu erklären, warum Sie mit den Kindern einfach nicht auskommen. Liegt es daran, dass Sie abends und am Wochenende Ihre Ruhe brauchen und die Kinder des Partners sich genau dann als lärmende Rabauken entpuppen? Oder glauben Sie zu spüren, dass die Kinder Ihnen gegenüber nicht ehrlich sind? Versuchen sie vielleicht, Sie gegen Ihren neuen Partner auszuspielen?

Grenzen Sie die Verhaltensweisen und Charakterzüge, die Sie stören, so klar wie möglich ein: Warum stören mich diese Punkte so sehr? Wenn sich die Kinder in diesen Punkten ändern würden, käme ich dann besser mit ihnen zurecht?

Lösungsvorschläge anbieten

Wenn Sie die letzte Frage bejahen können, ist es an der Zeit, mit dem Partner über Ihr Problem zu sprechen. Denn jetzt stellen Sie nicht mehr die Kinder als solche in Frage, sondern können ganz konkrete Dinge nennen, die Sie stören – und idealerweise auch Lösungsvorschläge anbieten.

Ist es beispielsweise wirklich der Radau, der Sie stört? Vielleicht sind die Kinder häufig einfach nur überdreht. Erörtern Sie die Möglichkeit, ob für die Kinder ein Sportverein, in dem sie ihre überschüssige Energie austoben können, eine mögliche Lösung wäre. Vielleicht reicht es aber schon, bestimmte Wohnbereiche zu festgelegten Zeiten zur Ruhezone zu erklären, in der Sie sich von einem anstrengenden Tag erholen können. Auch der Partner sollte dann dafür sorgen, dass seine Kinder Rücksicht auf Ihre Bedürfnisse nehmen.

Auf diese Weise lassen sich zwar auch mangelnde Sympathien dem Nachwuchs gegenüber nicht auf Kommando herstellen. Aber wenn Sie sich selber wieder wohl fühlen und spüren, dass Sie auch von den Kindern des Partners respektiert werden, wird es Ihnen leichter fallen, ein entspannteres Verhältnis zu ihnen aufzubauen.

▶ *Und noch was ...*

Versuchen Sie, die Kinder Ihres Partners und sich selbst von außen zu betrachten: Welche liebenswerten Züge hat der Nachwuchs eigentlich? Kann es vielleicht sein, dass Sie diese kaum wahrnehmen, weil Sie den Dingen, die Sie stören, eine zu große Bedeutung beimessen? Überdenken Sie auch Ihre eigenen Beweggründe, die Kinder abzulehnen. Sind es wirklich die Kinder selbst? Oder stehen sie in Ihren Augen symbolisch für die Vergangenheit des Partners, als ein Bindeglied zu dessen Ex-Partner und damit Ihrem Wunsch im Wege, eine neue, »normale« Familie zu gründen? Wenn hier das eigentliche Problem schlummert, sollten Sie lernen, die Situation so anzunehmen, wie sie ist: Sie sind nun einmal eine Familie »mit Vergangenheit«. Vielleicht hilft es Ihnen, sich mit anderen auszutauschen, die ähnliche Erfahrungen gemacht haben, beispielsweise in einer Selbsthilfegruppe (siehe Anhang S. 136).

Meine Kinder haben bei ihm keine Chance!

Natürlich kann der Fall auch genau umgekehrt liegen: Sie haben das Gefühl oder Ihr Partner sagt Ihnen ganz offen, dass er mit Ihren Kindern einfach nichts anfangen kann, dass ihn die

Art stört, wie sie erzogen worden sind, dass die Chemie eben nicht stimmt.

Auch wenn Sie sich zunächst wahrscheinlich verletzt fühlen, sollten Sie das Problem möglichst ruhig angehen. Bitten Sie zunächst Ihren Partner, sich einmal mit den oben beschriebenen Fragen auseinander zu setzen, möglichst unter Hinzuziehen eines guten Freundes. Sich verletzt in sein Schneckenhaus zu verkriechen oder sich demonstrativ auf die Seite der Kinder zu stellen ist in einer solchen Situation hingegen nicht sonderlich produktiv, es belastet im Gegenteil die Partnerschaft zusätzlich. Signalisieren Sie stattdessen Ihrem Partner, dass Sie bereit sind, über das Thema mit ihm zu sprechen, wenn er genau weiß, was ihn an den Kindern stört, und dass Sie versuchen wollen, mit ihm eine Lösung zu finden. Bei all dem sollten Sie jedoch beide dafür Sorge tragen, dass die Kinder unter der Ablehnung des Partners nicht zu leiden haben. Wenn nötig, verständigen Sie sich darauf, dass er – solange das Problem nicht vom Tisch ist – zu Ihrem Nachwuchs möglichst Distanz wahrt.

Bekommen Sie das Problem nicht selbst in den Griff, sollten Sie sich professioneller Hilfe, zum Beispiel bei einer Familienberatung (siehe Anhang Seite 134 f.), anvertrauen. Denn auf lange Sicht kann ein solcher ungelöster Konflikt Ihre Beziehung und damit Ihre neue Patchwork-Familie zum Scheitern bringen.

▶ **Und noch was ...**
Wenn Sie mit den Kindern Ihres Partners gravierende Probleme haben oder diese umgekehrt mit Ihnen und wenn Sie noch nicht in eine gemeinsame Wohnung gezogen sind, sollten Sie damit vernünftigerweise

noch warten. Ein fataler Irrtum wäre es jedenfalls, zu glauben, dass sich bestehende Probleme durch räumliche Nähe lösen würden. Das Gegenteil wird der Fall sein, die Probleme werden sich eher verstärken.

Wenn Sie jedoch bereits zusammenwohnen und der Konflikt die Beziehung zu zerreißen droht, sollten Sie darüber nachdenken, eine Weile wieder in getrennten Haushalten zu leben. Das muss nicht gleich das Scheitern Ihrer Beziehung und Ihrer Pläne für eine gemeinsame Zukunft bedeuten. Denn wenn alle Beteiligten die Möglichkeit haben, sich in kritischen Situationen zurückzuziehen, besteht sehr viel eher die Chance, den Konflikt gelassener anzugehen und ihn dauerhaft aus der Welt zu räumen.

Ansichtssache

Wie man seine Kinder erzieht, hängt maßgeblich von der eigenen Persönlichkeit und den eigenen Erfahrungen ab. In »gewachsenen« Familien ist dies ein Prozess, bei dem sich normalerweise mit der Zeit ein gemeinsamer Erziehungsstil der Eltern einpendelt. In Patchwork-Familien dagegen treffen in der Regel zwei unterschiedliche und fest etablierte Erziehungsmuster aufeinander. Schwierig wird es besonders dann, wenn sich die beiden Partner in grundsätzlichen Fragen der Erziehung nicht einigen können und jeweils Kinder mit in die Beziehung bringen, die nach entsprechend unterschiedlichen Kriterien erzogen wurden. Natürlich meint jeder der beiden Partner seine Kinder richtig zu erziehen und lässt sich äußerst ungern kritisieren oder hineinreden.

Wenn die Meinungen auseinander gehen

Von rechtlicher Seite her steht fest: Der Stiefelternteil hat keinerlei Rechte, in die Erziehung einzugreifen. Somit könnte man seine eigenen Kinder weiterhin so erziehen, wie man es für richtig hält, und der jeweilige Partner müsste dies akzeptieren.

Im Alltag ist ein solches Vorgehen natürlich kaum praktikabel. Es wäre nicht nur den Kindern schwer zu vermitteln, es stünde auch dem Wunsch entgegen, zu einer Gemeinschaft zusammenzuwachsen. Nicht zuletzt um Neidgefühlen und Eifersüchteleien vorzubeugen, sollten Sie also versuchen, in pädagogischen Grundsatzfragen Kompromisse zu schließen, die für alle Kinder gelten. Denn es kann auf Dauer nicht gut gehen, wenn beispielsweise Ihr Kind um acht Uhr ins Bett muss, während die gleichaltrige Stiefschwester noch bis zehn Uhr fernsehen darf. Oder Ihr Partner seinen Kindern Süßigkeiten nur selten erlaubt, während Ihre Kinder nach Herzenslust naschen dürfen. Oder wenn gleichaltrige Stiefgeschwister unterschiedlich viel Taschengeld erhalten.

Kompromisse finden im Interesse der Kinder

Auch wenn es lange, möglicherweise hitzige Diskussionen erfordert: Stellen Sie sich der Aufgabe, in wichtigen Lebensbereichen Kompromisse zu finden. In einer »normalen« Familie mit einer »normalen« Erziehung würde der Vater ja auch nicht permanent anders entscheiden als die Mutter.

Erörtern Sie zunächst, warum Sie auf unterschiedlichen Standpunkten beharren und ob vielleicht im einen Fall das Vorgehen des Partners, im anderen das eigene Verhalten klüger ist. So könnte man beispielsweise beim Streitthema Fernsehen unter der Woche die strengeren Vorstellungen des einen befolgen und am Wochenende den »Ausnahmezustand« erklären.

Was das Naschen betrifft, würde es den eigenen Kindern vielleicht gar nichts schaden, sich etwas einzuschränken – gleichzeitig sollte es aber bei den Kindern des Partners auch ein bisschen mehr sein dürfen. Als Ausgleich sollten die Patchwork-Eltern vielleicht verschärft darauf achten, dass sich alle Kinder regelmäßiger und gründlicher die Zähne putzen, sich ansonsten gesund ernähren und regelmäßig Sport treiben. Was das Taschengeld betrifft, können Sie sich natürlich in der Mitte treffen. Doch was auf den ersten Blick wie ein gesunder Kompromiss aussieht, birgt die Gefahr, dass die Kinder, die bisher mehr bekamen, den Stiefgeschwistern die Schuld an der unliebsamen Etatkürzung geben. Die Alternative: Gleichen Sie den Etat der Kinder, die bisher weniger bekamen, an den der anderen Kinder an. Legen Sie aber im Gegenzug für alle Kinder geltende Regeln fest, welche Dinge sie in Zukunft aus eigener Tasche bezahlen müssen. Eine vernünftige Lösung, zumal die Pflicht, mit dem eigenen Geld haushalten zu müssen, das Verantwortungsbewusstsein aller Kinder gleichermaßen fördert.

Sicher wird Ihnen die ein oder andere Regelung am Anfang nicht sonderlich gefallen – Ihrem Partner wird es vermutlich genauso gehen. Es wäre allerdings fatal, sich das vor den Kindern anmerken zu lassen. Wenn diese spüren, dass Sie nicht hinter dem stehen, was Sie sagen, werden sie sehr viel länger brauchen, den neuen Patchwork-Erziehungsstil zu akzeptieren.

▶ **Und noch was …**
Wie auch immer Sie sich einigen, haben Sie erst einmal das grundsätzliche Regelwerk der Erziehung geklärt, sollten Sie dies auch gemeinsam den Kin-

dern gegenüber vertreten und konsequent einhalten. Selbst wenn es zunächst das ein oder andere Gemaule gibt (»Als wir noch alleine waren, war alles viel schöner« und dergleichen), die Kinder werden sich an die ein oder andere Umstellung viel schneller gewöhnen, als Sie glauben, wenn Sie und Ihr Partner konsequent auf die Einhaltung der Regeln achten.

Nicht gegeneinander ausspielen lassen!

Dass Kinder versuchen, Ihre Eltern gegeneinander auszuspielen, beim einen zu bekommen versuchen, was der andere verboten hat, ist auch bei »normalen« Familien üblich. In zusammengewürfelten Lebensgemeinschaften ist diese Verlockung natürlich besonders groß – schließlich gibt es da einen leiblichen Elternteil, der einem besonders nahe steht und der mit dem neuen Partner in dem ein oder anderen Punkt Kompromisse schließen musste, hinter denen er selbst nicht unbedingt hundertprozentig steht.

Erfahrene Patchwork-Eltern kennen die Situation: Wenn der Partner nicht zu Hause ist, macht man schon mal eine kleine Ausnahme und erlaubt etwas, von dem man weiß, dass der Partner dagegen wäre. Der soll von dieser kleinen Ausnahme natürlich nicht erfahren, und so wird man der heimliche Verbündete der Kinder gegen den Partner.

Klar: So etwas ist nur allzu menschlich und schadet auch der Erziehung nicht, wenn es eine Ausnahme bleibt. Wird aus der Ausnahme jedoch mit der Zeit die Regel, wissen die Kinder irgendwann ganz genau, wie sie sämtliche Erziehungsversuche unterwandern können. Kein erstrebenswertes Ziel, denn den Kindern wird ein großes Stück Sicherheit und Halt genommen, wenn sie merken, dass zwischen den Eltern abgestimmte Regeln immer wieder in Frage gestellt werden können. Und irgendwann wird sich auch der Partner an der Nase herumgeführt fühlen und es kommt zum Krach.

Am besten ist es also, von Anfang an konsequent zu bleiben, auch wenn man sich mit einer »kleinen Ausnahme« vielleicht lästiges Gequengel und beleidigte Mienen ersparen könnte. Lassen Sie sich nicht zum geheimen Verbündeten gegen Ihren Partner machen, sondern stehen Sie zu dem, was Sie mit ihm vereinbart haben – auch wenn er nicht da ist. Schließlich möchten Sie sich umgekehrt auch auf den Partner verlassen können!

▶ **Und noch was ...**
Sind Sie und Ihr Partner sich uneinig, wie Sie in einer bestimmten Situation verfahren wollen, sollten Sie die Diskussion vor den Kindern abbrechen und das Problem unter sich lösen. Wenn Sie einen Kompromiss gefunden haben, tragen Sie ihn dann gemeinsam den Kindern vor. So zeigen Sie dem Nachwuchs, dass Sie beide gleichberechtigt in Erziehungsfragen entscheiden und gemeinsam dafür sorgen, dass Ihre Vorstellungen auch umgesetzt werden.

Wenn's dauernd kracht

Nicht nur unterschiedliche Erziehungsstile treffen in einer zusammengewürfelten Familie aufeinander, sondern manchmal auch völlig verschiedene Persönlichkeiten. So werden Ihre Kinder vielleicht mit Stiefgeschwistern konfrontiert, die sie sich aus freien Stücken niemals als Freunde oder Spielkameraden ausgesucht hätten. Jetzt aber müssen sie mit ihnen unter einem Dach zusammenwohnen, vielleicht sogar Terrain an die »Eindringlinge« abgeben.

Strategien für ein friedlicheres Miteinander

Streit unter Geschwistern – eigentlich etwas völlig Normales: Da wird um Spielzeug gezankt, um die Aufmerksamkeit und Zuneigung der Eltern gerungen, dem anderen geneidet, was man selbst angeblich nicht hat.

Generell gilt: Wenn sich der Nachwuchs nur ab und zu streitet, dann lassen Sie ihn. Versuchen Sie nicht, bei jeder Auseinandersetzung schlichtend einzugreifen. Einschreiten sollten Sie nur dann, wenn der Streit zu laut oder mit Beschimpfungen ausgetragen wird, die Sie nicht zu akzeptieren bereit sind. Das gilt natürlich erst recht, wenn die Kinder aufeinander losgehen und das Ganze in eine Prügelei ausartet.

Doch was Eltern in gewachsenen Familien in der Regel nur nervt, versetzt Patchwork-Eltern leicht in Panik. Denn das neue Gefüge ist empfindlich genug und vermag über solche Streitereien an Belastungsgrenzen zu stoßen. Vor allem dann, wenn die Streitereien kein Ende nehmen wollen.

Was also tun, wenn's dauernd kracht? Wenn sich Ihr Nachwuchs mit dem Ihres Partners ständig in den Haaren liegt, hilft es wenig, den Konflikt unter den Tisch zu kehren in der Hoffnung, eines Tages werde sich alles von selber klären. Ebenso wenig hilfreich sind Drohungen wie: »Wenn du dich nicht mit deiner Stiefschwester verträgst, darfst du beim nächsten Ausflug nicht mit!« Auf diese Weise wird die Wut auf den ungeliebten Familienzuwachs nur noch größer. Erfolgversprechender ist es, das Problem offen anzugehen:

■ Sagen Sie den Kindern, dass Sie wissen, welche Einbußen an Raum und auch an Aufmerksamkeit sie durch die neue

Situation hinnehmen müssen. Geben Sie zu verstehen, dass Ihnen das Leid tut, dass es im Moment allerdings nicht zu ändern ist.

■ Fragen Sie sie, welche Veränderungen für Sie am schmerzlichsten sind, und überlegen Sie gemeinsam, wie man Verluste eventuell ausgleichen könnte. Fehlen den Kindern beispielsweise die gemeinsamen Kuschelabende, weil jetzt immer auch »die anderen« dabei sind, sollten Sie nach neuen Ritualen suchen – etwa vor dem Schlafengehen. Oder Sie unternehmen stattdessen regelmäßig etwas miteinander.

■ Reden Sie gemeinsam mit den Streithähnen über das Problem: Sagen Sie ihnen, dass Sie die dauernde Zankerei belastet, dass Sie aber auch gerne dabei helfen wollen, eine Lösung zu finden, mit der sich alle wohler fühlen werden. Bieten Sie den Kindern also an, bei Unstimmigkeiten zu vermitteln, aber tun sie dies auch wirklich erst dann, wenn Sie darum gebeten werden.

■ Fordern Sie die Kinder auf, selbst Lösungsvorschläge zu machen: Was müsste sich ändern, damit sie mit der Situation besser leben können?

■ Treffen Sie klare Abmachungen, die jedem Kind – dem Alter entsprechend – die gleichen Rechte zugestehen und an die sich jeder zu halten hat. So müssen ältere Kinder natürlich mehr im Haushalt mithelfen, dürfen dafür aber länger aufbleiben und bekommen auch mehr Taschengeld.

■ Doch erzwingen Sie nichts: Wenn die Kinder noch nicht bereit sind, über das Problem zu reden, hat es keinen Sinn, ihnen Gespräche oder Lösungsansätze aufzuzwingen. Diese würden dann sowieso boykottiert werden. Warten Sie in einem solchen Fall lieber, bis die Wogen sich ein bisschen geglättet haben, und versuchen Sie dann noch einmal, die Streithähne an einen Tisch zu bekommen.

- Wenn Stiefgeschwister, die sich nicht vertragen, ein Zimmer miteinander teilen müssen, sollten Sie in Erwägung ziehen, das Zimmer, wenn es nicht zu klein ist, möglicherweise durch Schränke, Regale oder Raumteiler in zwei getrennte Bereiche einzuteilen, so dass jedes Kind einen Platz für sich hat.

Und grundsätzlich gilt: Weder Sie noch Ihr Partner dürfen sich in den Konflikt der Kinder hineinziehen lassen. Was gar nicht so einfach ist, weil die Kinder natürlich versuchen werden, ihren leiblichen Elternteil auf ihre Seite zu ziehen. Doch seien Sie mit Ihrem Partner auch hier konsequent solidarisch, allzu schnell werden Sie sonst gegeneinander ausgespielt. Meinungsverschiedenheiten können und sollten Sie unter sich ausmachen.

Wann wird's kritisch?

Manchmal kann hinter der Streitlust der Kinder auch ein tiefer liegendes Problem stecken: Nicht das zerstörte Puzzle, das zu kleine Zimmer oder die Musik der Stiefgeschwister sind es, die das Kind wirklich stören. Vielmehr versucht es, mit seinem Verhalten Gefühle wie Eifersucht, Angst oder Einsamkeit zu kompensieren. Wenn das betreffende Kind für keinen sachlichen Lösungsvorschlag zugänglich ist, wenn es immer wieder Streit wegen derselben Kleinigkeiten sucht und sich auch dem leiblichen Elternteil gegenüber aggressiv und ungezogen benimmt, können dies deutliche Hinweise auf einen derartigen Hintergrund sein. Sehr wahrscheinlich versucht das Kind mit diesem Verhalten, mehr Aufmerksamkeit zu bekommen – und sei es nur dadurch, dass mit ihm geschimpft wird.

Hellhörig sollten Sie vor allem dann werden, wenn das Kind ständig über diffuse Beschwerden wie Kopfweh oder Bauchschmerzen klagt, für die der Arzt jedoch keine Erklärung findet, wenn es plötzlich die Schule schwänzt, wenn es sich auch vom leiblichen Elternteil auffällig zurückzieht oder Essstörungen entwickelt. Auch hinter diesen Symptomen kann sich der Wunsch verbergen, mehr Zuwendung von den Eltern zu erhalten.

Wenn Sie bei Ihrem Kind solche Verhaltensänderungen bemerken, sollten Sie auf jeden Fall einlenken:

- Kümmern Sie sich liebevoll um das Kind, fragen Sie es nach seinen Wünschen, überraschen Sie es ab und zu, beispielsweise mit einer spontanen Einladung ins Kino. Achten Sie aber darauf, dass auch die anderen nicht zu kurz kommen. Eine Gefahr besteht oft darin, dass gerade von älteren Kindern erwartet wird, sich der Situation problemlos anzupassen, und die jüngeren die größere Zuwendung bekommen.

- Sprechen Sie das Kind auf sein Verhalten an, wenn Sie mit ihm alleine sind. Fragen Sie, ob es etwas auf dem Herzen hat, ob es sich in letzter Zeit alleine oder vernachlässigt fühlt, ob es sich unverstanden fühlt und warum.

- Fragen Sie, ob Sie etwas tun können, damit es ihm wieder besser geht – überlegen Sie, was Sie sich selbst an seiner Stelle wünschen würden.

- Fahren Sie ein paar Tage – zum Beispiel übers Wochenende – alleine mit dem Kind weg, und widmen Sie ihm in dieser Zeit Ihre volle Aufmerksamkeit. In dieser Atmosphäre fällt es ihm auch sehr viel leichter, über das zu reden, was es bewegt.

- Wenn Sie jedoch das Gefühl haben, dass Sie nicht weiter

kommen und das Kind sich Ihnen gegenüber absolut nicht öffnen will, ziehen Sie sich nicht enttäuscht zurück, sondern suchen Sie nach professioneller Hilfe, beispielsweise bei einer Erziehungsberatung oder einem Kinderpsychologen.

Jetzt ist der Partner gefragt

Besonders Frauen finden sich schnell in der Rolle der Ersatzmutter wieder – ob sie das nun wollen oder nicht. Oft kümmern Sie sich mehr um den Nachwuchs des Partners als dieser selbst und bekommen deshalb Veränderungen der Kinder eher mit als deren leiblicher Elternteil. Wenn Sie mehr Zeit mit den Kindern verbringen als Ihr Partner und es Ihnen auffallen sollte, dass Ihr Stiefkind sich auffällig benimmt, sollten Sie mit Ihrem Partner darüber sprechen. Versuchen Sie nicht, das Problem im Alleingang zu lösen, sondern bitten Sie ihn um seine Mithilfe. Ihr Partner kennt seine Kinder besser als Sie und wird zu einer Lösung der Probleme vermutlich entscheidend beitragen können.

Eifersüchtig?

Selbst in »normalen« Familien sind Eifersüchteleien an der Tagesordnung. Welches Kind, das unter Geschwistern aufwächst, beklagt sich nicht manchmal: »Meine Eltern haben meinen Bruder/meine Schwester viel lieber als mich!« oder »Immer bin ich an allem schuld!« oder »Ständig reden nur die Erwachsenen miteinander, um mich kümmert sich keiner!«. Eifersucht kommt also in den besten Familien vor – und natürlich erst recht in Patchwork-Familien. Denn besonders die Kinder sind mit ihren feinen Antennen für die leichtesten

Verschiebungen emotionaler Zuwendungen innerhalb des neuen Familienverbandes sehr empfänglich.

Kann man vorbeugen?
Natürlich können Patchwork-Eltern einiges tun, um die Eifersucht in Grenzen zu halten.

Bei den eigenen Kindern:

- Signalisieren Sie Ihren Kindern, dass sie sich weiterhin bei Ihnen geborgen und sicher fühlen können, etwa indem Sie alte Rituale aufrechterhalten und Ihr Interesse zeigen an allem, was der Nachwuchs tut und erlebt.
- Beziehen Sie Ihre Kinder mit ein, zum Beispiel wenn es darum geht, was am Wochenende unternommen wird oder wo der nächste Urlaub verbracht werden soll. Hören Sie den Kindern zu und beschäftigen Sie sich mit ihnen.
- Unternehmen Sie auch alleine etwas mit Ihren Kindern und zeigen Sie ihnen, dass Sie ihre Gefühle ernst nehmen.
- Wenn Sie zuvor allein erziehend waren, sind gerade ältere Kinder womöglich ein wenig in die Rolle des abwesenden Elternteils geschlüpft. Geben Sie Ihren Kindern das Gefühl, dass Sie sie auch jetzt noch brauchen und sie nicht durch den neuen Partner »ersetzt« werden. Fragen Sie sie ruhig hin und wieder um Rat, so wie Sie es früher vielleicht getan haben, und überlassen Sie ihnen kleinere Aufgaben, um die sie sich selbstständig kümmern können.
- Sagen und zeigen Sie Ihren Kindern immer wieder, dass die neue Situation gut für Sie alle ist, dass dadurch jedoch die Beziehung zu dem anderen leiblichen Elternteil überhaupt nicht verändert oder in Frage gestellt wird. So haben Sie selbst jetzt vielleicht mehr Zeit für den Nach-

wuchs, weil der neue Partner Aufgaben im Haushalt übernimmt. Gleichzeitig sollten die Besuchswochenenden beim Vater oder bei der Mutter ein fester Bestandteil im Familienleben sein und die Kinder auch ungezwungen über den abwesenden Elternteil reden dürfen.

Bei den Kindern des Partners:

- Sie sollten nicht versuchen, sich bei ihnen anzubiedern.
- Signalisieren Sie Interesse an ihnen, aber lassen Sie die Kinder von selbst auf Sie zukommen. Fragen Sie nach ihren Freunden, Erlebnissen oder Hobbys, aber bohren Sie nicht nach, wenn Sie merken, dass die Kinder nicht darüber reden möchten.
- Lassen Sie sich von Ihrem Partner so viel wie möglich über seine Kinder erzählen, über ihre Eigenheiten, ihre Vorlieben und Abneigungen, über die Art, wie sie mit der Trennung ihrer Eltern umgegangen sind, und auch, wie sie möglicherweise auf frühere Partner reagiert haben.
- Reagieren Sie auf keinen Fall abweisend oder mit Kritik, wenn die Kinder von ihrem anderen leiblichen Elternteil erzählen. Sie müssen spüren, dass Sie den leiblichen Vater oder die leibliche Mutter als solche nicht in Frage stellen und ihn oder sie nicht ersetzen wollen.
- Beziehen Sie die Kinder Ihres Partners von sich aus bei Gesprächen oder Unternehmungen ein, halten Sie sich, was Erziehungsfragen betrifft, jedoch vorerst zurück.

Auch wenn's schwer fällt: Besonders am Anfang sollten Sie sich möglichst wenig einmischen. Wenn Sie mit bestimmten Verhaltensweisen nicht einverstanden sind, sprechen Sie erst darüber, wenn Sie mit Ihrem Partner alleine sind. Und auch dann sollten Sie akzeptieren, dass das letzte Wort in Sachen Erziehung immer der leibliche Elternteil hat.

▶ *Und noch was ...*
Ob den eigenen Kindern oder denen des Partners gegenüber: Bleiben Sie vor allem Sie selbst. Zeigen Sie, dass es gut ist, dass Sie eine neue Beziehung eingegangen sind, dass Sie sich dabei glücklich fühlen und dass Sie die Kinder gerne in dieses Glück einbeziehen möchten. Zeigen Sie aber ruhig auch, wenn Sie sich unsicher fühlen. Bitten Sie dann beispielsweise Ihren Nachwuchs auch um seine Meinung. Beispielsweise:»Ich würde gerne mit euch allen mal ein paar Tage wegfahren, aber ich bin mir nicht sicher, ob es dafür nicht noch ein wenig zu früh ist. Was meinst du dazu?« Ein Kind, das so gefragt wird, fühlt, dass es immer noch ein fester Bestandteil in Ihrem Leben ist, und beginnt in der Regel gleich damit, die Koffer zu packen.

Ab wann wird's problematisch?

In puncto Eifersucht gilt natürlich auch: Geben Sie sich und Ihrer neuen Familie Zeit. Hat sich das neue Team erst einmal eingespielt und hat jeder erst einmal seinen festen Platz in der Gemeinschaft eingenommen, hören in der Regel auch die kleinen Eifersüchteleien auf.

In der Regel, das heißt: nicht immer. Nicht, wenn aus den – völlig normalen – Eifersüchteleien richtige Eifersucht wird, die nicht aufhören will und sich ständig zu steigern scheint. Handfeste Eifersucht sollte rechtzeitig erkannt und ernst genommen werden. Denn wenn man nichts gegen sie unternimmt, kann sie den neuen Familien-Clan zur Verzweiflung treiben und schließlich sogar aus den Angeln heben.

Eifersucht – (k)eine Frage des Alters

So unterschiedlich Kinder sind, so unterschiedlich äußern sie auch ihre Eifersucht. Eins ist jedoch sicher: Sie senden Signale aus und wollen, dass diese Signale verstanden werden.

- Kleinkinder und Kindergartenkinder, die sich noch nicht anders mitteilen können, werden plötzlich trotzig, vor allem dann, wenn der neue Partner anwesend ist oder wenn sie merken, dass Sie sich mit ihm treffen wollen.
- Sie klammern sich an Sie, versuchen den »Neuen« wegzudrücken, wenn er Ihnen zu nahe kommt.
- Sie weigern sich, den »Eindringling« zu begrüßen, mit ihm zu reden, erzählen ständig von ihrem anderen leiblichen Elternteil, beispielsweise: »Mein Papa hat ein viel schöneres Auto als du!« Überhaupt können Papa oder Mama alles viel besser, sie sind schöner und vor allem lieber.

Jüngere Kinder zeigen ihre Gefühle direkter und offener als ältere. Das kann zwar sehr verletzend sein, hat aber den entscheidenden Vorteil, dass man weiß, woran man ist – und dass man darauf eingehen kann. Und das sollten Sie!

Ältere Kinder im Schulalter und Jugendliche dagegen ziehen sich häufig zurück, wenn ihre Gefühle verletzt sind. Sie möchten nicht über ihre Eifersucht sprechen und wenn sie darauf angesprochen werden, reagieren sie abwehrend. Trotzdem wünschen auch sie sich, dass ihre Signale erkannt werden und dass man auf sie eingeht. Weil ältere aber mit ihrem Verhalten nicht so auffallen und nicht so auf die Nerven gehen wie kleine Kinder, bemerkt man manchmal erst spät, was den

Nachwuchs wirklich belastet. Schließlich ist es in einem gewissen Alter ja auch normal, dass Kinder nicht ständig mit den »Oldies« zusammen sein wollen und lieber ihre eigenen Wege gehen. Deshalb sollten Sie den älteren Nachwuchs aufmerksam beobachten:

■ Zieht sich das Kind mehr zurück als früher? Wenn ja: Generell oder nur dann, wenn der neue Partner da ist? Vor allem, wenn es dem Partner generell aus dem Weg geht, signalisiert das Kind, dass es mit der neuen Situation nicht zurechtkommt und sie am liebsten gar nicht zur Kenntnis nehmen möchte.

■ Redet es mit Ihnen noch über Dinge, die ihm wichtig sind, beispielsweise über Ärger in der Schule oder mit Freunden? Wenn nicht, hat es möglicherweise sein Vertrauen in Sie verloren. Vielleicht glaubt es, dass Sie solche Dinge Ihrem neuen Partner erzählen und dieser sich dann einmischt. Oder das Kind glaubt, dass Sie sich nicht mehr so sehr für seine Probleme interessieren, weil der neue Partner nun Ihre Aufmerksamkeit fordert. Oder es fehlt dem Kind ganz einfach die Gelegenheit, sein Herz auszuschütten, weil der neue Partner immer in der Nähe ist.

■ Wie reagiert Ihr Kind, wenn man Aktivitäten vorschlägt, bei denen es früher gerne mitgemacht hat? Lehnt es »cool« jeden Vorschlag ab, will es dadurch wahrscheinlich Ihre Aufmerksamkeit auf sich ziehen.

■ Wie steht es mit den schulischen Leistungen – sind sie schlechter geworden, seit sich die Familie verändert hat? Wenn ja, kann auch das ein Versuch sein, auf sich aufmerksam zu machen und zu zeigen, dass aus seiner Sicht irgendetwas nicht stimmt.

■ Was ist mit den Freunden? Bringt es sie immer noch gerne

mit nach Hause oder trifft es sich mit ihnen jetzt lieber woanders? Ab der Pubertät wollen Kinder einfach mehr unter sich sein. Kommt aber niemand mehr zu Besuch, obwohl dies früher häufiger der Fall war, will das Kind wahrscheinlich einen wichtigen Teil seines Lebens, nämlich seine Freunde, vom neuen Partner fern halten.

▶ **Und noch was ...**

Manche Kinder und Jugendliche versuchen sich eine Art Ersatzfamilie zu schaffen, wenn sie sich zu Hause nicht mehr wohl fühlen. Das kann ebenso die Clique sein wie der Sportverein oder die Familie eines Freundes oder einer Freundin. Bis zu einem gewissen Punkt ist es normal und sogar gut, wenn ein Kind mehrere Anlaufstationen hat und sich auch in einer Gemeinschaft außerhalb der Familie geborgen fühlt. Ist ihm diese Gemeinschaft jedoch wichtiger als sein Zuhause, sollten Sie das Kind darauf ansprechen und auch mit den Menschen, zu denen es im Moment offenbar mehr Zutrauen hat, reden. Machen Sie deutlich, dass Sie diesen Kontakt keineswegs in Frage stellen oder verbieten wollen, aber dass Sie sich Sorgen machen und sein eigentliches Zuhause bei Ihnen ist.

Zeichen, die Eifersucht signalisieren, sind manchmal nur schwer zu erkennen. Schließlich lassen sie sich von ganz normalen, altersbedingten Phasen kaum unterscheiden. Deshalb sollten Sie gerade dann, wenn die Familie aus Sicht der Kinder aus den Fugen gerät, den Nachwuchs ganz genau beobachten. Dann können Sie auch auf die Gefühle Ihrer Kinder reagieren und dafür sorgen, dass sie nach und nach ihren festen Platz in der neuen Familie finden. Wenn Sie sich nicht sicher sind, was die Verhaltensänderung Ihres Kindes zu bedeuten hat, kann es hilfreich sein, sich mit anderen Eltern auszutauschen, vor allem, wenn es sich um Eltern aus dem Freundeskreis des Kindes handelt. So können Sie feststellen, ob auch andere Gleichaltrige gerade eine derartige Veränderung durchmachen und wie deren Eltern darauf reagieren. Oder ob mit Ihrem Nachwuchs tatsächlich etwas »nicht stimmt« und Sie aktiv werden sollten. Auch dabei können die Eltern der Freunde Ihres Kindes eine Hilfe sein!

Meine Kinder sind eifersüchtig!

Wenn Ihr Kind eifersüchtig auf den neuen Partner und eventuell auch auf dessen Kinder ist, sollten Sie als Erstes versuchen herauszufinden, warum.

- Reden Sie mit ihm. Fragen Sie, was seiner Meinung nach schief läuft, ob und wo es sich benachteiligt fühlt, was es vermisst und was es sich wünscht.
- Nehmen Sie das, was Ihr Kind sagt, ernst. Hören Sie ihm aufmerksam zu, unterbrechen Sie es nicht, fragen Sie nach, wenn Sie etwas nicht ganz nachvollziehen können, und halten Sie sich mit Gegenargumenten erst einmal zurück. Auch wenn seine Vorwürfe aus Ihrer Sicht vielleicht ungerechtfertigt und manche Wünsche unrealistisch sind.
- Lassen Sie dem Kind Zeit. Oft fällt es Kindern schwer, genau in Worte zu fassen, was in ihnen vorgeht.
- Am besten, Sie unternehmen gemeinsam etwas – ohne den Partner – und kommen immer mal wieder auf das Thema zurück.

- Sagen Sie Ihrem Kind, dass Sie es wegen seiner Eifersucht nicht weniger lieben oder es gar dafür bestrafen wollen – und nehmen Sie sich selbst beim Wort!
- Signalisieren Sie die Bereitschaft, das Problem zu lösen. Machen Sie aber deutlich, dass Sie sich wegen dieses Konfliktes nicht von Ihrem Partner trennen werden.

Fragen, die Antworten geben können

Auch Sie selbst sollten sich die Zeit nehmen, in Ruhe über sich, Ihr Kind und alle Veränderungen um Sie herum nachzudenken:

- Wie groß war die Zeitspanne zwischen der Trennung und der neuen Beziehung? Konnte das Kind das Erlebte richtig verarbeiten? Wenn der Übergang zur jetzigen Beziehung eher kurz war, sollten Sie dem Kind und auch sich selbst einfach Zeit lassen und die Erwartungen an ein harmonisches Familienleben etwas herunterschrauben.
- Wie viel Zeit haben Sie mit Ihrem Partner alleine verbracht, haben Sie vielleicht gemeinsame Unternehmungen mit Ihrem Kind seinetwegen verschoben? Wenn dies der Fall ist: Halten Sie sich nicht mit Schuldgefühlen auf, ein solches Verhalten ist normal, wenn man frisch verliebt ist. Nehmen Sie sich stattdessen wieder bewusst Zeit für Ihren Nachwuchs.
- Haben Sie im Trubel der neuen Beziehung öfter als sonst gesagt: »Jetzt nicht, ich hab' gerade keine Zeit« oder »Bin zu müde«? Wenn ja, fühlt sich Ihr Kind dadurch vielleicht zurückgesetzt und denkt, dass Ihnen der Partner jetzt wichtiger ist. Auch in diesem Fall sollten Sie sich wieder bewusst Zeit für das Kind nehmen und ihm damit zeigen, dass es nach wie vor wichtig für Sie ist.

- Wie reagiert Ihr Ex-Partner auf Ihren neuen Lebenspartner? Redet er mit dem Kind über die neue Situation – und vor allem wie? Wenn Ihr Ex-Partner während der Besuchswochenenden negativ über Ihre neue Beziehung redet, fühlt sich das Kind wahrscheinlich hin- und hergerissen. Machen Sie ihm deutlich, dass seine Beziehung zum Vater oder zur Mutter überhaupt nicht in Frage gestellt wird, und machen Sie dem Ex-Partner deutlich, dass er das Kind durch sein Verhalten stark verunsichert.

- Wie stark hing und hängt das Kind an dem anderen leiblichen Elternteil? Hat es Angst, ihn durch den neuen Partner zu verlieren? Auch in einem solchen Fall sollten Sie dem Kind diese Angst, so gut es geht, nehmen.

- Wie geht Ihr neuer Partner mit dem Kind um? Akzeptiert er es im Großen und Ganzen, wie es ist, oder kritisiert er es häufiger? Gerade am Anfang sollte Ihr neuer Partner dem Kind Zeit lassen, damit beide sich gegenseitig beschnuppern können. Auf Kritik – auch gut gemeinte – reagieren Kinder in einer solchen Situation oft überempfindlich.

- Wenn der neue Partner selbst Kinder mit in die Beziehung gebracht hat: Wie gehen Sie mit ihnen um, wie reden Sie von ihnen? Vielleicht sparen Sie aus den oben genannten Gründen an Kritik gegenüber den Kindern des Partners. Ihr eigener Nachwuchs empfindet das natürlich als ungerecht. Erklären Sie Ihrem Kind die Situation, bekennen Sie offen, dass Sie das ein oder andere an den »Neuankömmlingen« auch nicht so toll finden, dass Sie ihnen jedoch erst Zeit geben möchten, sich an die neue Situation zu gewöhnen. Und dass Ihr Partner das umgekehrt genauso hält.

- Haben Sie Ihr Verhalten Ihrem Kind gegenüber verändert? Versuchen Sie, Ihr Erziehungsmuster den Vorstellungen des neuen Partners anzupassen? Wenn ja, ist es natürlich, wenn das Kind irritiert ist. Erklären Sie ihm, warum Sie jetzt manche Dinge anders machen, und lassen Sie ihm Zeit, sich daran zu gewöhnen. Überlegen Sie jedoch auch, ob Ihr bisheriger Erziehungsstil wirklich so falsch war und ob Sie ihn wirklich ändern müssen – vielleicht lassen sich mit dem Partner in dem ein oder anderen Punkt Kompromisse aushandeln.

■ Haben Sie Ihrem Kind bisher das Gefühl gegeben, der Mittelpunkt Ihres Lebens zu sein – ein Gefühl, das es jetzt nicht mehr hat, seit der neue Partner und vielleicht sogar noch weitere Kinder da sind? Natürlich ist es für jedes Kind schwer, nicht im Mittelpunkt zu stehen. Doch mit diesem Problem müssen auch Kinder in »ganz normalen« Familien fertig werden. War das Kind bisher alleine mit Ihnen, braucht es natürlich Zeit, sich daran zu gewöhnen. Sie können Ihm dabei helfen, indem Sie ihm erklären, dass Sie es immer noch so lieben wie vorher, auch wenn nun andere Familienmitglieder da sind, die ebenfalls Aufmerksamkeit fordern.

Gehen Sie alle Möglichkeiten in Ruhe und möglichst unvoreingenommen durch. In vielen Fällen versteckt sich der Grund für die Eifersucht eines Kindes in einer oder auch in mehreren Antworten auf diese Fragen. Wenn Sie das Gefühl haben, dass eine der oben angesprochenen Situationen der Grund für die Eifersucht Ihres Kindes ist, sollten Sie sich jedoch keine Vorwürfe machen, sondern vielmehr die Gelegenheit nutzen, das Problem am Schopf zu packen.

Sprechen Sie Ihren Nachwuchs ruhig direkt darauf an: Sagen Sie Ihrem Kind, dass Sie glauben erkannt zu haben, warum seine Gefühle so verletzt sind. Nicht zuletzt dadurch erkennt es, dass Ihnen sein Wohl nach wie vor am Herzen liegt, dass Sie sich Gedanken machen. Und selbst wenn Sie mit Ihren Vermutungen über die Gründe seiner Eifersucht danebenliegen – wenn es erkennt, dass Sie wirklich wissen wollen, was in ihm vorgeht, wird Ihr Kind Ihnen dann vielleicht den wahren Grund für seine Eifersucht erläutern.

▶ **Und noch was ...**
Wenn Ihr Kind schon gut schreiben kann und es ihm schwer fällt, seine Gefühle auszudrücken, oder es einem Gespräch ausweicht, versuchen Sie es mit einem Brief. Schreiben Sie ihm, dass Sie seine Unzufriedenheit mit der derzeitigen Situation spüren und dass Sie wissen wollen, woran es liegt. Bitten Sie Ihr Kind, Ihnen aufzuschreiben, was in ihm vorgeht. Das Schreiben gibt dem Kind die Sicherheit, seine Gedanken in Ruhe formulieren zu können. Möglicherweise erfahren Sie durch einen solchen interfamiliären Briefwechsel mehr als in Gesprächen.

Wenn Sie merken, dass Sie mit Ihren Bemühungen auf Granit stoßen, sollten Sie sich nach professioneller Hilfe umsehen, bevor das Familienleben zu sehr belastet wird oder sich die Fronten derart verhärten, dass eine Einigung kaum noch möglich ist. Rat und Unterstützung können Sie beispielsweise bei einem Familientherapeuten finden. Die Adressen stehen in jedem Branchenbuch, Sie können sich jedoch auch eine Liste mit Therapeuten in Ihrer Umgebung von Ihrer Krankenkasse geben lassen.

Ich bin doch keine Konkurrenz!

Ihr Partner hat eigene Kinder mit in die Beziehung gebracht, und Sie merken – sie sind eifersüchtig auf Sie! Erst einmal finden Sie diesen Gedanken vielleicht absurd. Schließlich wollen Sie ihnen den Vater oder die Mutter nicht wegnehmen, sondern möchten, dass sich alle gut verstehen. Woran liegt es also, dass der Nachwuchs des Partners Sie als Bedrohung empfindet? Auch in diesem Fall kann es sehr hilfreich sein, sich selbst, gegebenenfalls mit Hilfe des Partners, vielleicht sogar zusammen mit den Kindern einige Fragen zu beantworten:

■ Wenn die Kinder nur am Wochenende zu Besuch kommen: Unternimmt Ihr Partner dann auch einmal etwas alleine mit ihnen, oder sind Sie immer dabei? Geben Sie den Kindern die Möglichkeit, ihren Elternteil auch mal ganz für sich zu haben und dessen ungeteilte Aufmerksamkeit zu genießen.

■ Würden die Kinder ihre leiblichen Eltern am liebsten wieder zusammenbringen, und empfinden sie sich dem anderen leiblichen Elternteil gegenüber möglicherweise als »Verräter«, wenn sie sich mit Ihnen gut verstehen? Sind die Kinder vielleicht sogar der Meinung, dass ihre Eltern wieder zusammenkommen könnten, wenn es Sie nicht gäbe, oder dass Sie schuld sind an der Trennung ihrer Eltern? In einem solchen Fall ist es vor allem die Sache Ihres Partners, den Kindern klarzumachen, dass Sie nicht der Grund dafür sind, dass ihre Eltern nicht mehr zusammen sind.

■ Wie reagiert der Ex-Mann bzw. die Ex-Frau Ihres Partners auf Sie? Wie redet er oder sie mit den Kindern über diese Beziehung? Wenn der Ex-Partner negativ über die neue Beziehung denkt oder redet, wirkt sich das natürlich auf das Verhalten der Kinder aus. Ihr Partner sollte deshalb versuchen, mit dem getrennt lebenden leiblichen Elternteil zu reden, und ihm deutlich machen, dass er durch sein Verhalten vor allem den Kindern wehtut – schließlich fühlen sie sich dadurch hin- und hergerissen.

- Haben Sie andere Vorstellungen von Erziehung als der leibliche Vater bzw. die leibliche Mutter, und wie offen sprechen Sie das vor den Kindern aus? Auch wenn's schwer fällt: Versuchen Sie sich gerade am Anfang mit Ihren Vorstellungen zurückzuhalten. Überlassen Sie es Ihrem Partner, wie er seine Kinder erzieht, und reden Sie mit ihm über Punkte, in denen Sie sich nicht einig sind, wenn die Kinder nicht dabei sind.

- Halten Sie sich den Kindern Ihres Partners gegenüber sehr zurück? Möglicherweise, um Ihre eigenen Kinder nicht eifersüchtig zu machen? Dann empfinden sie es vielleicht als Ablehnung. Gehen Sie ruhig vorsichtig auf sie zu. Sie werden schon merken, wo Sie auf Grenzen stoßen.

- Wie verhält sich Ihr Partner in dieser Situation? Hält er sich ganz aus dem Konflikt heraus, versucht er zu vermitteln oder ergreift er Partei für Sie oder die Kinder? Gibt Ihr Partner Ihnen bei Konflikten ständig Recht, fühlen sich seine Kinder vielleicht im Stich gelassen. Sie sehen in Ihnen einen Eindringling, dem ihr Elternteil nun näher steht als ihnen. In einem solchen Fall sollte Ihr Partner sich eine Weile etwas mehr zurückhalten und es Ihnen überlassen, wie Sie das Problem lösen. Ergreift der Partner dagegen immer Partei für seine Kinder, werden diese in Konflikten eine gute Gelegenheit sehen, Sie beide gegeneinander aufzubringen. Auch dann sollte der Partner sich zunächst einmal so wenig wie möglich einmischen.

- Mögen Sie die Kinder Ihres Partners wirklich? Oder können diese vielleicht eine versteckte Abneigung spüren, die Sie sich selbst nicht eingestehen wollen? Wenn Sie sich eingestehen müssen, dass Sie die Kinder des Partners eigentlich gar nicht so sehr mögen, wie Sie es sich gewünscht haben, sollten Sie nicht versuchen, ihnen das Gegenteil vorzuspielen. Geben Sie sich stattdessen selbst erst mal Zeit, sich an die neuen Familienmitglieder zu gewöhnen. Die Zuneigung kommt von alleine, wenn Sie die kleinen Persönlichkeiten richtig kennen gelernt haben.

Gehen Sie diesen Fragen so ehrlich wie möglich nach, und bitten Sie auch Ihren Partner um seine Einschätzung – er kennt seine Kinder schließlich besser als Sie.

▶ *Und noch was ...*

Es ist nicht immer ganz einfach, ausreichenden Abstand zu sich selbst und genügend Selbstkritik zu entwickeln. Beantworten Sie doch die oben genannten Fragen zunächst für sich, und lassen Sie sie dann zusätzlich noch von Ihrem Partner beantworten. Vergleichen Sie das Ergebnis: Wo stimmen Ihre Einschätzungen überein, wo gibt es unterschiedliche Ansichten? Möglicherweise entdecken Sie auf diese Weise den ein oder anderen Hinweis auf Ursachen für die Spannungen zwischen Ihnen und den Kindern Ihres neuen Partners.

Was kann man tun?

Natürlich werden Sie das Vertrauen der Kinder Ihres Partners nicht von heute auf morgen gewinnen, auch wenn Sie es noch so gut meinen. Wahrscheinlich haben die Kinder auch gar nichts gegen Sie, es fällt ihnen nur schwer, mit der neuen Situation umzugehen.

Trägt der Ex-Mann oder die Ex-Frau Ihres Partners zur Verunsicherung der Kinder bei, sollten Sie sich möglichst zurücknehmen. Dieses Problem muss Ihr Partner lösen. Werden Sie in dieser Situation aktiv, verstärkt sich für die Kinder der Eindruck noch mehr, dass Sie in Konkurrenz zum abwesenden Elternteil stehen. Das Resultat: Die Kinder werden jetzt erst recht Partei gegen Sie ergreifen.

Natürlich ist es wichtig, dass Ihr Partner mit seinen Kindern über die neue Beziehung spricht und versucht, ihnen so viel Sicherheit und Geborgenheit wie möglich zu geben. Doch darüber hinaus können auch Sie einiges tun, um ein entspannteres Verhältnis zu den Kindern aufzubauen. Und auch hier gilt wieder einiges von dem, was bereits oben genannt wurde:

- Geben Sie sich und den Kindern Zeit, sich kennen zu lernen, und versuchen Sie nicht, von Anfang an eine »normale« Familie zu sein.
- Hüten Sie sich davor, der bessere Vater oder die bessere Mutter zu sein und den abwesenden Elternteil vor den Kindern zu kritisieren.
- Gestehen Sie sich zu, dass Sie die Kinder des Partners nicht so lieben können wie Ihre eigenen – das ist normal. Normal ist aber auch, dass die Kinder Ihres Partners Sie nicht so lieben können wie ihre leiblichen Eltern.
- Versuchen Sie nicht, die Rolle des abwesenden Elternteils zu übernehmen. Bieten Sie den Kindern an, ihr väterlicher Freund bzw. ihre mütterliche Freundin zu sein.
- Mischen Sie sich möglichst nicht in Erziehungsfragen ein, aber setzen Sie ruhig eigene Grenzen. Etwa dann, wenn

die Kinder Ihnen gegenüber Ausdrücke verwenden, die Sie nicht dulden, oder wenn sie überall in der Wohnung ihre Sachen herumliegen lassen – dann sollten Sie klar und deutlich Ihre Meinung sagen.

■ Signalisieren und sagen Sie den Kindern, dass Sie gerne für sie da sind, wenn sie Sie brauchen, und dass Sie ihnen gerne helfen – beispielsweise bei den Hausaufgaben –, sich aber nicht aufdrängen wollen und werden.

■ Sagen Sie den Kindern, dass Sie ihren Vater bzw. ihre Mutter lieben, aber nicht den Kindern wegnehmen wollen und dies auch gar nicht könnten.

■ Stellen Sie klar, dass Sie es gut finden, wenn die Kinder ihren getrennt lebenden leiblichen Elternteil sehen, und Sie auf keinen Fall dessen Rolle übernehmen wollen.

■ Unternehmen Sie auch einmal etwas gemeinsam mit den Kindern, ohne dass der Partner dabei ist – wenn der Nachwuchs damit einverstanden ist.

■ Lassen Sie aber auch Ihrem Partner und seinen Kindern Raum und Zeit, etwas ohne Sie zu unternehmen und sich ungestört alleine zu unterhalten.

■ Setzen Sie sich für die Kinder ein, wenn sich die Gelegenheit bietet, vermeiden Sie es aber, in Konflikten zwischen Ihrem Partner und seinen Kindern Partei zu ergreifen.

▶ *Und noch was ...*

Wenn das Verhältnis zwischen Ihrem Partner und dem getrennt lebenden Elternteil in Ordnung ist, können Sie ein positives Zeichen setzen, indem Sie den leiblichen Vater bzw. die leibliche Mutter einmal zu einem Kaffee einladen – zum Beispiel, wenn er oder sie die Kinder am Wochenende abholt. Denn wenn die Kinder sehen, dass zwischen Ihnen keine Konkurrenz besteht und Sie normal miteinander umgehen, werden sie sehen, dass sie sich nicht zwischen zwei Parteien entscheiden müssen.

Ich zähle ja nicht! Eifersüchtig auf die Kinder?

Ein neuer Partner, eine neue Familie – da ist man schnell versucht, sich zu sehr auf die Kinder zu konzentrieren. Man ist so sehr damit beschäftigt zu verhindern, dass sie eifersüchtig werden, und plötzlich ist dann doch jemand eifersüchtig: der eigene Partner!

Seinen Kindern gerecht werden und gleichzeitig eine Beziehung aufbauen und pflegen zu wollen – ein Spagat. Nicht zuletzt deshalb, weil ehemals allein Erziehende oft eine besonders innige Beziehung zu ihren Kindern entwickelt haben, um deren Schmerz über die Trennung ihrer Eltern zu lindern. Da kann sich der neue Partner schnell ausgegrenzt fühlen.

Natürlich sollte er Verständnis dafür haben, dass Ihre Kinder bei Ihnen nach wie vor an erster Stelle stehen. Er wird auch akzeptieren müssen, dass er – gerade am Anfang Ihres neuen Familienlebens – ein wenig außerhalb dieser kleinen eingeschworenen Gemeinschaft steht. Sie sollten jedoch nicht vergessen, dass dies viel Geduld und Einfühlungsvermögen von Ihrem Partner fordert, besonders wenn er bisher kinderlos war.

Zeit für Zweisamkeit muss sein

Auch für die Erwachsenen ist es anfangs vielleicht eine ungewohnte Situation, nicht mehr nur für die Kinder da zu sein, sondern auch auf die Bedürfnisse eines Partners eingehen zu müssen. Je länger die Phase des Alleinerziehens war, desto größer die Umstellung.

Doch achten Sie darauf, dass Sie sich und Ihrem Partner

kleine Freiräume schaffen. Es ist wichtig, auch dem Partner das Gefühl zu geben, dass er zu einem wichtigen Teil des eigenen Lebens geworden ist – auch wenn man es bisher gewohnt war, alles alleine zu meistern. Nehmen Sie die Eifersucht des Partners nicht auf die leichte Schulter, überlegen Sie gemeinsam, was Sie beide ändern könnten, wenn er sich vernachlässigt fühlt.

Räumen Sie der Zweisamkeit mit Ihrem Partner einen festen Platz ein:

■ Auch wenn Sie ein schlechtes Gewissen haben: Gehen Sie miteinander aus. Nutzen Sie die Zeit, wenn die Kinder bei ihrem leiblichen Elternteil sind, oder organisieren Sie einen Babysitter.

■ Wenn die Kinder schon älter sind, können Sie auch mal alleine in den Urlaub fahren – zumindest ein verlängertes Wochenende sollte möglich sein.

■ Nehmen Sie Ihren Partner wichtig: Was hat er den Tag über erlebt, welche Probleme beschäftigen ihn? Das ist ebenso wichtig wie die Fortschritte oder Missgeschicke Ihrer Kinder.

■ Schaffen Sie sich Bereiche, in denen Sie als Paar ungestört sein können, beispielsweise indem Sie die Schlafzimmertür abschließen oder die Kinder zumindest anklopfen lassen, bevor sie das elterliche Schlafzimmer stürmen.

■ Sorgen Sie dafür, dass die Kinder zu bestimmten Zeiten im Bett sind und Sie und Ihr Partner abends genügend Zeit haben, über die Ereignisse des Tages zu reden.

■ Überraschen Sie Ihren Partner hin und wieder mit kleinen Aufmerksamkeiten, sei es mit einem »Dinner for two«, wenn die Kinder im Bett sind, oder indem Sie ihm einen kleinen Liebesbrief schreiben.

■ Auch von Ihren Kindern können Sie ein bisschen Respekt vor Ihrer Partnerschaft verlangen. Beispielsweise indem Sie nicht zulassen, dass sie ein Gespräch zwischen Ihnen und Ihrem Partner einfach unterbrechen, sondern warten, bis sie an der Reihe sind.

Keine Frage: Der Spagat zwischen Elternrolle und Beziehung erfordert Kraft und etwas Übung. Aber es lohnt sich, auch im Alltag die Zweisamkeit mit dem Partner nicht zu vernachlässigen. Denn eine harmonische Partnerschaft ist die beste Stütze im Alltag einer Patchwork-Familie.

Die Vergangenheit lässt grüßen

Ein Problem für die meisten Patchwork-Familien stellen die Ex-Partner dar. Die vorangegangene Trennung haben die einen besser, die anderen schlechter verarbeitet. Häufig ist das Verhältnis zu der neuen Familiensituation des ehemaligen Ehepartners bestimmt von Eifersüchteleien und manchmal sogar von der Angst, die Kinder nun endgültig zu verlieren. Auch wenn man den Lebensabschnitt mit dem Ex-Partner für sich selbst längst abgeschlossen hat – wenn gemeinsame Kinder existieren, wird die Vergangenheit nie so richtig ruhen. Jede Menge Konfliktpotenzial also, das sich aber mit einer guten Portion Takt halbwegs sicher umgehen lässt.

Altlasten als Konfliktstoff

Voraussetzung für einen möglichst entspannten Umgang aller Beteiligten miteinander ist, dass die Verteilung der Rollen zwischen den leiblichen Eltern genau geklärt ist. Im Idealfall ist diese Rollenverteilung bereits geklärt und gut eingespielt, wenn einer der beiden eine neue Beziehung eingeht. Dann kann sich auch der neue Partner leichter in das Patchwork einfügen.

Hilfreich für das Gelingen des Unternehmens Patchwork-Familie ist es also, wenn grundlegende Fragen zwischen den ehemaligen Ehepartnern bereits lange vor der Existenz einer neuen Beziehung geklärt wurden. Doch häufig ist dies leider nicht der Fall. Es werden im Gegenteil Konfliktpotenziale, die noch aus der Trennung der alten Partnerschaft herrühren, in die neue Patchwork-Familie mit hineingetragen. Konfliktstoff bietet von Anfang an die Frage: Wo wohnen die Kinder, wer ist also für alle Fragen des Alltags und für die Erziehung hauptsächlich zuständig? In der Regel fällt es dem abwesenden Elternteil erst einmal schwer, sich damit abzufinden, dass die Kinder nicht mehr bei ihm zu Hause sind und der Ex-Partner den Nachwuchs hauptverantwortlich erzieht.

Auch das Alleinsein, die permanente Trennung fällt vielen, die ihre Kinder dem Ex-Partner überlassen, schwer. Die Kinder kann man nach der Trennung in der Regel nur noch zu festgelegten Terminen sehen, spontane Aktionen, wie mit den Kindern mal eben ein Eis essen gehen, sind kaum mehr möglich.

Wochenendbesuche als Happening

Als Ersatz und um bei den Kindern trotz der Trennung eine wichtige Rolle zu spielen, versuchen nicht wenige, die Zeit, die die Kinder bei ihnen sind, zu einem wahren Ereignis zu machen. Dabei wird auch schon mal über das Ziel hinausgeschossen: Viele Mütter können ein Lied davon singen, dass ihre Kinder nach einem Wochenende beim Papa nur noch von den tollen Sachen schwärmen, die sie mit ihm gemacht haben, von den Fernsehsendungen erzählen, die sie zu Hause natürlich nicht sehen dürfen, und noch pappsatt sind von den vielen Leckereien, die es bei der »doofen Mama« selbstverständlich nicht gibt, aber beim Papa.

Dass solche Aktionen den Frieden mit der Zeit auf eine harte Probe stellen können, liegt auf der Hand. Hilfreich ist es, wenn sich beide Elternteile regelmäßig zu einem Grundsatzgespräch zusammensetzen. Dabei sollte nicht nur geklärt werden, wer wann die Kinder bekommt, sondern es sollten auch klare Abmachungen in Erziehungsfragen getroffen werden, die von beiden gemeinsam getragen und vor dem Nachwuchs vertreten werden. Konfliktstoff kann zum Beispiel der Fernsehkonsum sein: Nicht selten erzählen die Kinder ihrem Vater oder ihrer Mutter einfach nicht, dass sie die ein oder andere Sendung zu Hause nicht sehen dürfen. Oder sie sagen ganz einfach:»Daheim darf ich das auch!« Da will der getrennt lebende Partner natürlich nicht Nein sagen.

Klären Sie also, was erlaubt ist und was nicht. Im Zweifel muss der getrennt lebende Elternteil allerdings bestimmte Erziehungsgrundsätze seines ehemaligen Partners akzeptieren, denn bei diesem verbringen sie schließlich die meiste Zeit. Umgekehrt sollte auch der Elternteil, bei dem die Kinder wohnen, Verständnis dafür haben, dass der Ex-Partner die Wochenenden oder den Urlaub mit seinem Nachwuchs zu etwas Besonderem machen möchte.

▶ *Und noch was ...*

Versuchen Sie Ihren Ex-Partner davon zu überzeugen, dass die Kinder ihn auch dann gerne besuchen, wenn er sie nicht mit Attraktionen lockt. Zumal er sich damit selbst unnötig unter Zugzwang setzt, denn mit der Zeit gewöhnen sich die Kinder daran, dass sie bei ihrem getrennt lebenden Elternteil etwas »Tolles« erwartet, und werden enttäuscht sein, wenn er sich mal nichts hat einfallen lassen!

Je klarer die Rollen und Aufgaben der leiblichen Eltern verteilt sind, desto mehr Sicherheit geben sie damit ihren Kindern. Und diese Sicherheit hilft ihnen letztlich, auch über die Trennung ihrer Eltern hinwegzukommen und sich in der neuen Situation zurechtzufinden.

Für das Gelingen des Unternehmens Patchwork-Familie ist es besonders wichtig, dass der neue Partner frühzeitig in diese Rollenverteilung eingeweiht wird und diese akzeptiert. Auch wenn's manchmal ein bisschen schwer fällt: Sowohl die Kinder als auch der getrennt lebende Ex-Partner müssen spüren, dass die Rechte und Pflichten des leiblichen Elternteils durch die neue Beziehung respektiert werden. So lässt sich das Konkurrenzdenken, dass oft unter der Oberfläche schwelt, klein halten oder tritt im Idealfall gar nicht erst auf.

Wenn der Ex-Partner sich ständig einmischt
Häufig sieht die Realität natürlich ganz anders aus. Vor allem dann, wenn der ehemalige Partner die Trennung noch nicht akzeptiert und verarbeitet hat. Oder wenn die Rollen der beiden Elternteile den Kindern gegenüber nicht klar genug verteilt wurden. Dann beginnt oft ein heftiges Tauziehen um den richtigen Erziehungsstil und die Gunst der Kinder.

Geht der Elternteil, bei dem die Kinder leben, auch noch eine neue Beziehung ein, verschärft das die Situation in der Regel. Denn nun kommen Eifersucht und Konkurrenzdenken dem neuen Partner gegenüber hinzu: Zum einen wird mit der neuen Beziehung ein offensichtlicher und endgültiger Schlussstrich unter die alte Beziehung gezogen. Zum anderen hat der getrennt lebende Elternteil Angst, dass der neue Partner seine Rolle den Kindern gegenüber einnimmt und dass sich damit die ohnehin schmerzliche Distanz zu den Kindern noch vergrößern wird. Besonders Väter neigen dazu, sich in solchen Situationen mehr und mehr zurückzuziehen und den Kontakt zu den eigenen Kindern mit der Zeit einschlafen zu lassen. Was die Eltern der neuen Patchwork-Familie unter Umständen gar nicht so ungern registrieren, müssen sie doch von nun an keine übertriebene Rücksicht mehr auf den leiblichen Vater oder die leibliche Mutter nehmen. Doch für die Kinder kann ein solcher Rückzug geradezu eine Katastrophe darstellen, geht ihnen damit doch ein wesentlicher Bestandteil ihres Lebens und ihrer Identität verloren. Nicht selten hinterlassen die Enttäuschung und das Gefühl, vom eigenen Vater oder von der eigenen Mutter nicht mehr geliebt zu werden, lang anhaltende, tiefe seelische Verletzungen – auch wenn man es ihnen auf den ersten Blick nicht anmerkt.

▶ *Und noch was …*
Auch wenn es Konfliktstoff in sich birgt: Versuchen Sie, den Kontakt mit dem getrennt lebenden Elternteil im Interesse der Kinder in jedem Fall aufrechtzuerhalten. Sehen Sie auch den positiven Langzeiteffekt: Wird das Kind älter, hat es außer Ihnen noch eine weitere wichtige Bezugsperson. Darüber hinaus bedeuten Besuchswochenenden für Sie freie Tage, an denen Sie sich mal um sich und um Ihre neue Beziehung kümmern können und Urlaub vom Elternsein nehmen können.

Wenn Kinder Mittel zum Zweck werden

Problematisch wird es besonders dann, wenn Konflikte über die Kinder ausgetragen werden. Wenn beispielsweise der leibliche Elternteil bei Besuchswochenenden schlecht über die Mutter oder den Vater und den neuen Partner redet. Den Kindern einzureden versucht, dass der »Neue« schuld daran ist, dass die leiblichen Eltern nicht mehr zusammenkommen können. Oder offen den Erziehungsstil der beiden Patchwork-Eltern kritisiert.

In einem solchen Fall ist es geboten, die Notbremse zu ziehen. Allerdings nicht, indem Sie die Kinder nicht mehr zu ihrem Vater oder ihrer Mutter lassen. Das sollte nur der allerletzte Ausweg sein, denn es würde die Kinder erst recht auf die Seite des abwesenden Elternteils treiben und gegen Sie und Ihren neuen Partner aufbringen.

Reden Sie auf jeden Fall zuerst mit Ihrem Ex-Partner, wenn Sie merken, dass er über die Kinder versucht, Einfluss auf Ihre neue Familie zu nehmen. Machen Sie ihm klar, dass seine Position als leiblicher Elternteil keinesfalls, auch nicht von Ihrem neuen Partner, in Frage gestellt wird. Machen Sie aber auch deutlich, dass Sie, als Elternteil bei dem die Kinder leben, die Hauptverantwortung für den Nachwuchs tragen, die daraus resultierenden größeren Belastungen in Kauf nehmen und deswegen auch das letzte Wort in Sachen Erziehung haben.

Die Eckpunkte klären und Kompromisse suchen

Weder den Eltern noch den Kindern ist damit gedient, wenn sie zwischen Vater und Mutter hin- und hergerissen werden. Deshalb sollten Sie versuchen, möglichst klare Absprachen zu treffen:

- Machen Sie feste Termine aus, zu denen die Kinder den getrennt lebenden Elternteil besuchen.
- Lassen Sie sich das Versprechen geben, dass Ihr neuer Partner bei diesen Besuchen nicht thematisiert wird.
- Umgekehrt muss sich Ihr Ex-Partner natürlich darauf verlassen können, dass auch Sie nicht vor den Kindern abfällig oder in irgendeiner Weise negativ über den abwesenden Elternteil reden.
- Klären Sie grundsätzliche Erziehungsfragen: Dürfen die Kinder an den Besuchswochenenden Dinge, die zu Hause nicht erlaubt sind? Wenn ja, welche?
- Sagen Sie klar und deutlich, mit welchen »Ausnahmen« Sie nicht einverstanden sind. Erklären Sie Ihrem Ex-Partner, warum Sie bestimmte Dinge nicht wollen, nennen Sie ihm Alternativen.
- Überdenken Sie auch Ihre eigenen Vorstellungen: Möglicherweise sind die Vorgehensweisen Ihres Ex-Partners bei näherem Hinsehen gar nicht so schlimm oder sogar richtig gut. Wenn Sie unsicher sind, sprechen Sie mit anderen Eltern über jene Fragen, über die Sie sich absolut nicht einigen können.

▶ **Und noch was ...**

Wenn die Fronten zwischen Ihnen und dem Ex-Partner so verhärtet sind, dass kein sachliches Gespräch mehr möglich ist, sollten Sie im Interesse der Kinder versuchen, einen »Schiedsrichter« zu benennen, der schlichtend in den Konflikt eingreift. Es sollte sich dabei um eine Person handeln, der beide vertrauen und die nicht für einen der Elternteile Partei ergreift – eventuell ein gemeinsamer Freund. Gibt es so jemanden in Ihrem Umfeld nicht, besteht die Möglichkeit, es bei einem Familientherapeuten mit Paargesprächen zu versuchen. Hier können Sie unter professioneller Hilfe wieder lernen, ohne Aggressionen miteinander zu reden und eine Lösung zu finden, mit der beide einverstanden sind.

Die Kinder einbeziehen

Es braucht natürlich Zeit, bis sich die Situation normalisiert. Und weder der getrennt lebende Elternteil noch Sie selber sind anfangs davor gefeit, in alte Verhaltensmuster zu verfallen. Für die Kinder ist das natürlich alles sehr verwirrend. Vor allem dann, wenn sie noch in einem Alter sind, in dem sie überhaupt nicht verstehen, was da eigentlich vor sich geht. Deshalb ist es wichtig, dass Sie auch mit den Kindern – dem Alter entsprechend – offen und ehrlich umgehen.

Besonders dann, wenn Sie sich mit dem Ex-Partner in bestimmten Punkten noch nicht auf eine klare Linie haben einigen können, sollten Sie mit Ihrem Nachwuchs über all die Dinge reden, die bei ihm Verunsicherung auslösen:

- Dass die Beziehung mit dem anderen leiblichen Elternteil beendet ist und auch ohne einen neuen Partner nicht mehr möglich wäre.
- Dass diese Tatsache für Ihren Ex-Partner möglicherweise schmerzhaft ist und er momentan darunter leidet. Dass Sie aber versuchen wollen, ihm auf freundschaftliche Weise darüber hinwegzuhelfen, wenn dieser sich auch Ihnen gegenüber fair verhält.
- Dass Ihr neuer Partner den anderen leiblichen Elternteil als solchen auch respektiert und nicht die Rolle des Vaters oder der Mutter einnehmen möchte. Dass er aber natürlich

verletzt ist, wenn Ihr Ex-Partner ihn schlecht macht und die Kinder diese Meinung übernehmen.

- Dass der andere leibliche Elternteil bestimmte Dinge eventuell anders sieht als Sie. Sagen Sie, in welchen Punkten Sie strenger oder lockerer sind als Ihr Ex-Partner und warum. Dass Sie sich in diesen Punkten eben nicht einigen können, dass Sie jedoch deshalb nicht von Ihrem Standpunkt abrücken und erwarten, dass sich die Kinder zu Hause so verhalten, wie es bei Ihnen auch bisher üblich war.

- Dass der leibliche Vater oder die leibliche Mutter auch weiterhin ein wichtiger Teil im Leben der Kinder bleiben wird, *Sie* jedoch den Alltag mit ihnen teilen und deshalb auch der erste Ansprechpartner für sie sind.

▶ **Und noch was ...**

Erklären Sie Ihren Kindern, dass sie bei ihrem anderen leiblichen Elternteil eventuell Dinge dürfen, die zu Hause nicht erlaubt sind, weil diese Besuchswochenenden eben nicht der Alltag sind. Dass der Vater oder die Mutter sich nicht so sehr um die Erziehung zu kümmern braucht und deshalb manche Dinge aus einer anderen Sicht sieht. Wäre die Situation umgekehrt und die Kinder würden bei dem getrennt lebenden Elternteil leben, wäre dieser in manchen Erziehungsfragen sicher auch anderer Meinung. Schließlich müsste er dann im Alltag mit dem Nachwuchs auskommen und nicht nur ab und zu am Wochenende. Machen Sie Ihren Kindern diesen Unterschied ruhig klar!

Kommt doch wieder zusammen!

Was aber tun, wenn der Nachwuchs nicht locker lässt, die Eltern unbedingt wieder zusammenbringen will? Und sich dabei obendrein noch der Unterstützung des Ex-Partners erfreut?

Machen Sie sich vor allem eines bewusst: Eine solche Reaktion der Kinder ist völlig normal. Für sie bedeutet Familie, Sicherheit und Geborgenheit in erster Linie die Anwesenheit von leiblicher Mutter und leiblichem Vater unter einem Dach. Diese Lebensumstände haben die Kinder von Geburt an kennen gelernt, und so ist auch das Zuhause der meisten ihrer Freunde organisiert. Je nachdem, wie alt sie zum Zeitpunkt der Trennung waren und wie stark die ehemaligen Partner ihre Konflikte vom Nachwuchs fern hielten, haben sie die Zerwürfnisse der Eltern oft gar nicht richtig mitbekommen. Deshalb haben viele Kinder die gemeinsame Zeit mit Mutter und Vater anders in Erinnerung als ihre Eltern und können bisweilen überhaupt nicht verstehen, warum das nun alles anders sein soll. Und schließlich lieben sie sowohl Mutter als auch Vater und empfinden nicht zuletzt Mitleid mit jenem Elternteil, das jetzt alleine lebt.

Erklären, aber nicht überfordern

Es würde die Kinder überfordern und zu sehr belasten, wenn Sie versuchen würden, ihnen die Gründe Ihrer Trennung zu erklären. Beziehungskonflikte Erwachsener können Kinder vor allem in jüngeren Jahren in ihrer Substanz und in ihrer Tragweite noch nicht richtig beurteilen, geschweige denn verarbeiten. Gleichwohl sind Sie Ihren Kindern gegenüber verpflichtet, ihnen, soweit es geht, die Situation zu erklären, ohne sie zu verängstigen oder zu überfordern.

Erklären Sie Ihren Kindern, dass es durchaus passieren kann, dass zwei erwachsene Menschen, die sich einmal geliebt haben, sich eines Tages – aus vielen Gründen – nicht mehr lieben. Doch Achtung: Machen Sie unmissverständlich klar, dass dies nicht zwischen Eltern und ihren Kindern passieren kann! Viele Verlustängste, die Kinder nach einer Scheidung plagen, rühren daher, dass sie glauben, der Verlust von Liebe könnte auch sie betreffen. Dass die Mutter oder der Vater auch sie eines Tages nicht mehr lieben und sich von ihnen trennen wollen.

Erläutern Sie Ihren Kindern, dass Sie und Ihr Ex-Partner nicht mehr zusammenleben konnten, dass es Sie auf Dauer unglücklich gemacht hat, eine unharmonische Beziehung zu führen, und dass Sie und der andere Elternteil alles versucht haben, um diese Beziehung zu retten. Doch machen Sie gleichermaßen deutlich, dass Sie ein Recht darauf haben, in einer glücklichen Partnerschaft zu leben – dass eine solche mit dem Vater oder der Mutter der Kinder aber leider nicht mehr möglich war.

Die Situation wird natürlich nicht leichter, wenn der Ex-Partner den Kindern gegenüber sagt und zeigt, dass er gerne wieder mit Ihnen zusammen wäre. Doch gerade dann sollten Sie Ihren Kindern gegenüber eine um so konsequentere Haltung einnehmen. Je klarer Ihre Position, desto eher werden sich die Wogen mit der Zeit glätten. Schließlich wird Ihr Ex-Partner einsehen, dass es Zeit ist, einen Schlussstrich zu ziehen – und dann werden sich auch die Kinder leichter mit der Situation abfinden können.

Alle sind gegen uns!
Ex-Partner sind nicht die einzigen »Altlasten«, die einer der Partner – oder beide – mit in die neue Beziehung bringen. Auch Freunde und Verwandte müssen umdenken: Erst haben sie die Trennung des Elternpaares miterlebt, dann vielleicht

das allein erziehende Elternteil unterstützt, und jetzt lernen sie also einen neuen Partner kennen. In der Regel freuen sich diejenigen, die dem Betreffenden nahe stehen darüber, dass er nun nicht mehr alleine ist. Auch wenn da natürlich oft die Sorge mitschwingt, ob es wohl diesmal gut geht, ob es wohl diesmal der oder die Richtige ist.

Manchmal nimmt diese Sorge jedoch überhand. Dann nämlich, wenn Freunde oder Verwandte sich in die neue Beziehung einmischen, den neuen Partner permanent kritisieren oder sogar offen ablehnen. Die junge Beziehung kann durch solche Ablehnung auf eine harte Probe gestellt werden. Und natürlich will man Freunde oder Verwandte, die man mag, nicht verlieren.

Wie kann man diesen Balanceakt bestehen, ohne sich dabei ständig zwischen alle Stühle zu setzen? In erster Linie, indem Sie allen Beteiligten klarmachen, dass Sie der Leidtragende solcher Reaktionen sind. Suchen Sie das Gespräch mit Ihren Freunden und fragen Sie, was genau sie an dem neuen Partner stört. Auch wenn es Ihnen natürlich erst einmal widerstrebt: Überdenken Sie in aller Ruhe die Kritik an Ihrem Partner. Doch bei aller Bereitwilligkeit, sich das Urteil Ihrer Freunde zu Herzen zu nehmen, sollten Sie Ihren Freunden – oder Ihrer Familie – unmissverständlich klarmachen, dass nur Sie selbst entscheiden können, mit wem Sie zusammen sein wollen. Und schließlich: Wenn Ihren Freunden Ihr Wohl wirklich am Herzen liegt, sollten sie sich zuvorderst mit Ihnen freuen, dass Sie endlich wieder glücklich sind.

Nicht reinreden lassen!

Räumen Sie also niemandem das Recht ein, in Ihr Familienleben oder in Ihre Beziehung hineinzureden. Das ist manchmal nicht ganz einfach. Zum Beispiel dann, wenn die eigene Mut-

ter, die sich womöglich auch noch mit um die Kinder kümmert, den neuen Partner ablehnt. Schlimmstenfalls hält sie
auch den Kindern gegenüber mit ihrer Meinung über den neu-
en Partner nicht hinter dem Berg. Und die wiederum tragen
die Kritik dann in das sensible Gefüge der Patchwork-Familie
hinein.

Wenn sich diese belastende Situation auch durch offene
Gespräche nicht ändern lässt, sollten Sie sich notfalls – wenn
auch vielleicht nur vorübergehend – nach einer anderen Kinderbetreuung umsehen. Auch wenn es den Geldbeutel stärker
belastet: So zeigen Sie, dass es Ihnen ernst ist. Außerdem gewinnen auf diese Weise alle Beteiligten erst einmal den nöti-
gen Abstand, um über den Konflikt nachzudenken.

▶ *Und noch was ...*

Gegenüber Freunden und Verwandtschaft sollten Sie
keinen Zweifel lassen, dass Sie sich Ihrer Sache sicher sind. Zeigen Sie sowohl Außenstehenden als
auch Ihrem Partner gegenüber deutlich, dass Sie zu
Ihrer Beziehung stehen. Wenn Sie die Kritik von außen verunsichert, weil Sie dahinter vielleicht ein
Körnchen Wahrheit vermuten, sollten Sie jedoch
nicht aus falsch verstandener Solidarität ein klären-
des Gespräch mit Ihrem Partner scheuen. Meist sind
es ja Kleinigkeiten, an denen sich die Kritik von
Freunden und Bekannten entzündet – und manchmal zu Recht: Vielleicht ist Ihr Partner ja wirklich
so unzuverlässig, wie Ihre Freunde behaupten.
Kommmt er nicht tatsächlich zu jeder Verabredung
zu spät? Auch wenn die Kritik von außen kommt:
Wenn es so ist, klären Sie mit Ihrem Partner, ob er es

in Zukunft nicht etwas genauer mit der Pünktlichkeit nehmen kann. Aber signalisieren Sie gleichzeitig nach außen, dass die Kritik, so richtig sie in der Sache vielleicht sein mag, Ihre Beziehung substanziell nicht in Frage zu stellen vermag.

3. Alles, was »Recht« ist

Was Stiefeltern so alles (nicht) dürfen

Auch wenn Patchwork-Familien besonders am Anfang mit anderen und oft auch größeren Problemen klarkommen müssen als normale Familien – der Alltag sieht bei beiden sehr ähnlich aus. Kinder müssen zum Arzt gebracht, ihre Hausaufgaben nachgesehen, Gespräche mit dem Lehrer geführt werden. Wer das macht – ob leiblicher oder Stiefelternteil –, hängt oft einfach davon ab, wer gerade Zeit hat. Aber genau da lauern die nächsten Stolpersteine. Denn obwohl sich viele Stiefeltern um die Kinder kümmern wie um ihre eigenen, haben sie nicht dieselben Rechte wie die leiblichen Eltern. Selbst dann nicht, wenn sie mit dem leiblichen Elternteil verheiratet sind.

Rechte gegenüber den Kindern des Partners

Auch wenn die neue Familie gemeinsam unter einem Dach lebt, haben Stiefeltern kaum Rechte, aber auch kaum Pflichten den Kindern des Partners gegenüber, was den Alltag nicht selten behindert:

- Lehrer sind nicht verpflichtet, Auskunft über die Leistungen der Stiefkinder zu geben.
- Stiefeltern haben keinen Anspruch darauf, vom Arzt über den Zustand der Kinder informiert zu werden oder deren Krankenakten einzusehen.
- Stiefeltern dürfen keine Unterschriften leisten, beispielsweise unter Zeugnisse oder Erklärungen, die die Kinder betreffen.
- Im Falle einer Trennung haben Stiefeltern keine Möglichkeit, das Sorgerecht für die Kinder zu erwirken.
- Sie haben auch keinen gesetzlichen Anspruch auf ein Umgangsrecht, wie es bei leiblichen Eltern der Fall ist. Gibt es jedoch gute Gründe – beispielsweise wenn die Kinder sehr an ihrem Stiefelternteil hängen –, kann bei einer Trennung eine Vereinbarung über das Umgangs- und Besuchsrecht mit dem Stiefelternteil getroffen werden.

▶ *Tipp*
Sind sich die Patchwork-Eltern einig, dass auch der Stiefelternteil die oben genannten Rechte im alltäglichen Umgang mit den Kindern wahrnehmen soll, kann der leibliche Elternteil seinem Partner eine Vollmacht ausstellen. In dieser sollte ausdrücklich vermerkt sein, welche Rechte auf den Stiefelternteil übertragen werden.

Wenn der leibliche Elternteil stirbt

Wenn bisher die leiblichen Eltern das gemeinsame Sorgerecht hatten und der Elternteil, bei dem die Kinder leben, stirbt, hat der getrennt lebende leibliche Elternteil automatisch das alleinige Sorgerecht. Relativ neu ist allerdings, dass die Kinder – wenn sie und der Stiefelternteil das wollen – erst einmal beim Stiefelternteil bleiben dürfen. Dieser hat die Möglichkeit, einen »Antrag auf Verbleiben« der Kinder zu stellen, der dann vom Familiengericht geprüft und entschieden wird.

Wenn sich herausstellt, dass es für die Kinder besser ist, zunächst in der Stieffamilie zu bleiben, erlässt das Gericht eine Verbleibensanordnung, die allerdings meistens nur befristet ist. In dieser befristeten Zeit soll den Kindern die Möglichkeit gegeben werden, sich auf das Leben bei dem getrennt lebenden Elternteil einzustellen und eine stärkere Beziehung aufzubauen. Nur wenn dies erwiesenermaßen nicht möglich ist, kann das Gericht die Anordnung verlängern oder unbefristet ausstellen.

▶ *Beispiel*

Corinna und Martin sind seit zehn Jahren verheiratet. Gemeinsam haben sie zwei Kinder: Sabine (8) aus Corinnas erster Ehe und Max (6), den gemeinsamen Sohn. Corinna hat mit ihrem ersten Mann das gemeinsame Sorgerecht für Sabine, doch der hat den Kontakt zu seinem Kind abgebrochen, als Corinna die Beziehung zu Martin einging. Als Corinna stirbt, hat Sabines Vater das alleinige Sorgerecht und besteht darauf, dass das Kind zu ihm zieht. Rein rechtlich kann Martin dagegen nichts tun – Sabine müsste Stiefvater und -bruder verlassen. Martin kann jetzt einen Antrag auf Verbleiben stellen, muss in dieser Zeit jedoch alles tun, damit Sabine ihren leiblichen Vater besser kennen lernt und ihr der Umzug so leicht wie möglich fällt.

Pflichten gegenüber den Kindern des Partners

So wenig Rechte Stiefeltern haben, so wenig Pflichten haben sie aus gesetzlicher Sicht den Kindern ihres Partners gegenüber:

■ Trennt sich die Patchwork-Familie wieder, haben Stiefeltern keinerlei Unterhaltspflichten gegenüber nicht gemeinsamen Kindern, egal, ob das Paar verheiratet war oder nicht.

■ Während der Zeit des Zusammenlebens sind Stiefeltern nicht verpflichtet, für den Unterhalt der nicht eigenen Kinder aufzukommen.

■ Die Kinder des Partners haben auch keine Erbschaftsansprüche gegenüber ihrem Stiefelternteil, wenn dieser stirbt.

> ▶ *Tipp*
> Wenn sich beide Partner einig sind, dass die gesetzlichen Regelungen nicht ihren Wünschen und Bedürfnissen entsprechen, besteht die Möglichkeit, sich über einen Ehevertrag bei Verheirateten oder über einen Partnerschaftsvertrag bei nicht ehelichen Lebensgemeinschaften abzusichern. Darin kann das Paar vereinbaren, welche Ansprüche im Falle einer Trennung bestehen. Allerdings ist ein Partnerschaftsvertrag eine private Regelung, die keine rechtliche Verbindlichkeit hat und im Falle eines Falles nicht eingeklagt werden kann.

Wer erbt was und wie viel?

Beim heutigen Erbrecht haben vor allem die Stiefkinder das Nachsehen: Stirbt ein Elternteil, so erben erst einmal der Ehepartner und die leiblichen Kinder. Das kann sogar so weit gehen, dass im Falle des Todes eines leiblichen Elternteils der Großteil des Erbes an den Stiefelternteil geht und nach dessen Tod an die Mitglieder der Stieffamilie.

▶ *Beispiel*
Corinna und Martin sind verheiratet. Sie haben zwei Kinder: Sabine aus Corinnas erster Ehe und einen gemeinsamen Sohn Max. Corinna hat von ihren Eltern ein kleines Vermögen geerbt. Als sie plötzlich stirbt, erbt Martin nach der gesetzlichen Regelung die Hälfte, je ein Viertel gehen an Sabine und Max. Als Martin stirbt, erbt Max das gesamte Vermögen – Sabine geht leer aus, da sie nicht mit Martin verwandt war und er sie nicht adoptiert hatte.

Diese Regelung mag Ihnen ungerecht erscheinen – schließlich hat der Stiefelternteil zwar das volle Erbrecht gegenüber seinem Ehepartner, dessen Kinder jedoch gehen im Todesfall des Stiefelternteils leer aus.

Wer für seine Stiefkinder eine andere Lösung festlegen möchte, kommt um ein Testament nicht herum. Gleiches gilt für unverheiratete Paare, denn bei ihnen ist der Partner nicht automatisch erbberechtigt, wie es bei Verheirateten der Fall ist. Stirbt einer der Partner, erben automatisch nur die leiblichen Kinder – egal, ob sie ehelich oder nicht ehelich zur Welt kamen. Wer also ausschließen will, dass der Partner im Falle des eigenen Todes mit leeren Händen dasteht, sollte sich unbedingt um ein Testament kümmern.

Wenn Sie sich entschlossen haben, ein Testament zu erstellen, aber unsicher sind, wie man so etwas richtig formuliert, können Sie sich entweder von einem Notar beraten lassen oder eines der zahlreichen Bücher zu diesem Thema zu Hilfe nehmen. Vor allem, wenn Sie noch jung sind, sollten Sie von Zeit zu Zeit überprüfen, ob die in Ihrem Testament verfügten Regelungen noch den Lebensumständen entsprechen oder ob die ein oder andere Änderung sinnvoll wäre. Haben Sie ein notariell beglaubigtes Testament beim Amtsgericht hinterlegt, müssen die Änderungen dort entsprechend vorgenommen werden. Grundsätzlich muss ein Testament aber nicht von einem Notar beglaubigt sein. Wenn es von Ihnen handschriftlich verfasst und von einem Zeugen mit unterschrieben ist, hat dieser letzte Wille ebenso Gültigkeit – natürlich nur dann, wenn nicht noch ein anderes Testament beim Amtsgericht oder bei einem Notar existiert. Mehr Sicherheit, dass Ihr letzter Wille verlesen und befolgt wird, bietet natürlich ein Testament, das beim Amtsgericht hinterlegt ist.

Die gemeinsame Wohnung

Für die meisten Patchwork-Familien geht mit dem Einzug in eine gemeinsame Wohnung oder ein gemeinsames Haus ein Wunsch in Erfüllung. Doch auch wenn die Freude über diesen neuen Lebensabschnitt groß ist, sollten sich beide Partner bereits jetzt Gedanken machen, was im Falle einer Trennung geschieht: Wer darf in der gemeinsamen Wohnung bleiben, wer zieht aus, falls die Beziehung doch nicht funktioniert?

Sucht die Familie sich ein neues gemeinsames Domizil und

sind beide Partner Mieter oder zu gleichen Teilen Eigentümer, ist die Sache meist recht einfach: Derjenige, bei dem die Kinder bleiben, hat – auch vor Gericht – die besseren Karten, in der Wohnung bleiben zu dürfen.

Wer mietet was?

Was aber ist, wenn der eine Partner mit seinen Kindern in die Wohnung des neuen Partners zieht? Wenn die beiden heiraten, macht es keinen Unterschied mehr, ob nur ein Name auf dem Mietvertrag steht oder ob beide als Mieter eingetragen sind. Die Wohnung wird als Ehewohnung betrachtet, und ein Gericht würde sie im Zweifel demjenigen zusprechen, der den dringenderen Bedarf anzumelden hat.

Das gilt auch für den Fall, dass der eingetragene Mieter stirbt: Der Vermieter kann nicht verlangen, dass der Ehepartner auszieht, sondern muss ihm das Recht einräumen, einen neuen Mietvertrag zu den gleichen Konditionen auf den eigenen Namen abzuschließen.

▶ *Beispiel*

Corinna zieht mit ihrer Tochter Sabine zu Martin. Bald darauf wird geheiratet, und es kommt der gemeinsame Sohn Max. Als die Beziehung scheitert, verlangt Martin, dass Corinna mit den Kindern auszieht – schließlich läuft der Mietvertrag auf seinen Namen.

Für das Gericht jedoch ist die Wohnung die gemeinsame Ehewohnung, auch wenn Martin sie seinerzeit alleine gemietet hat. Da Martin ein Umzug eher zuzumuten ist als Corinna und vor allem den Kindern, weist der Richter die Wohnung Corinna zu. Martin muss ausziehen.

Anders sieht es jedoch aus, wenn beide Partner unverheiratet bleiben und nur einer der beiden als Mieter eingetragen ist. Dann hat dieser im Falle einer Trennung das Recht, vom anderen den Auszug zu verlangen. Allerdings darf er ihn nicht einfach vor die Tür setzen, sondern muss dem Ex-Partner eine realistische Frist gewähren, um sich eine neue Wohnung zu suchen. Tut er das nicht, hat der ausgezogene Ex-Partner sogar Ansprüche auf Schadensersatz.

Stirbt allerdings der Mieter, hat auch der unverheiratete Partner das Recht, in den Mietvertrag einzutreten. Hier gibt es rechtlich keine Unterschiede zu einem verheirateten Paar.

Alles meins!

Bei Wohnungs- oder Hauseigentum gelten die folgenden rechtlichen Regelungen: Wohnt ein Paar in der Eigentumswohnung oder im Haus des einen Partners, muss der zugezogene Partner im Falle einer Trennung in der Regel ausziehen. Dabei spielt es erst einmal keine Rolle, ob die beiden verheiratet sind, ob der, der ausziehen muss, für die Kinder sorgt oder nicht oder ob er sich während der Beziehung am gemeinsamen Lebensunterhalt beteiligt hat oder nicht.

▶ *Beispiel*

Corinna und Martin, seit zehn Jahren verheiratet, leben in dem Haus, das Martin von seinen Eltern vor 15 Jahren geerbt hat. Während der Ehe ging Corinna ebenfalls arbeiten und beteiligte sich mit ihrem Geld an den Umlagen sowie den Unkosten für den gemeinsamen Haushalt. Nicht zuletzt in den Um- und Ausbau des Hauses hat sie immer wieder Erspartes gesteckt. Als die beiden sich trennen, will Corinna nicht ausziehen.

Sie muss aber. Denn auch wenn sie sich nicht unwesentlich an den gemeinsamen Kosten – auch des Hauses – beteiligt hat, gehört das Haus Martin. Nur wenn ihr ein Umzug absolut nicht zuzumuten wäre, dürfte Corinna in dem Haus wohnen bleiben. Das wäre zum Beispiel dann der Fall, wenn sie nachweisen könnte, dass es unmöglich ist, für sich und die Kinder eine geeignete Wohnung zu finden. Auch das Geld, das Corinna in das Haus gesteckt hat, bekommt sie nicht zurück, es sei denn, die beiden haben es vertraglich anders vereinbart.

Wer erbt das Eigentum?

Stirbt der Partner, dem die Wohnung oder das Haus gehört, und hat er Kinder aus einer vorangegangenen Beziehung mit in die neue Ehe gebracht, so erbt der Ehepartner die Hälfte, die leiblichen Kinder des Verstorbenen teilen sich die andere Hälfte. Die Kinder haben nun auch Anspruch auf die Hälfte des Hauses. Kann der verbliebene Partner diesen Wert nicht ausbezahlen, muss er das Haus verkaufen, um den Kindern ihren Erbteil geben zu können.

Sind die beiden Partner nicht verheiratet und stirbt der Eigentümer, hat der Hinterbliebene keine Rechte gegenüber den leiblichen Kindern seines verstorbenen Partners. Sie können verlangen, dass er auszieht – in der Regel innerhalb einer Frist von 30 Tagen.

▶ *Tipp*

Wer verhindern möchte, dass der Partner eines Tages möglicherweise in eine solche Situation kommt, kann verschiedene Vorkehrungen treffen. Beispielsweise kann dem Partner ein Wohnrecht im Grundbuch eingetragen werden. Oder man kann das Haus testamentarisch dem Partner zusprechen und gleichzeitig für einen Ausgleich der Kinder sorgen, so dass diese nicht ausbezahlt werden müssen.

Adoptieren – ja oder nein?

Wächst eine Patchwork-Familie zusammen, stellt sich nicht selten die Frage: Soll ich die Kinder meines Partners adoptieren? Eine Frage, die nicht leicht zu beantworten ist und die sich alle Beteiligten reiflich überlegen sollten.

Es gibt natürlich einige gute Gründe, die dafür sprechen, die Stiefkinder zu adoptieren:

- Man demonstriert nach außen: Wir sind eine geschlossene Familie, und wir meinen es ernst.
- Durch eine Adoption kann die familiäre Bindung gestärkt werden.
- Der getrennt lebende leibliche Elternteil hat keinen Einfluss mehr auf das Kind und kann sich nicht mehr in das Familienleben einmischen. Er muss zuvor allerdings der Adoption zustimmen!
- Die rechtliche Benachteiligung des Stiefelternteils gegenüber den Kindern wird aufgehoben.
- Die Stiefkinder sind durch die Adoption in die gesetzliche Erbfolge eingebunden.

Auch wenn dies alles gut klingt, eine Adoption hat auch bedenkenswerte Nachteile:

- Dem Kind geht ein Elternteil verloren und damit ein Stück seiner Identität sowie eine mögliche Bezugsperson.
- Auch sämtliche Erb- und Unterhaltsrechte gegenüber dem getrennt lebenden leiblichen Elternteil und dessen Familie erlöschen. Die Verwandtschaftsbeziehung erlischt nur dann nicht, wenn der andere leibliche Elternteil verstorben ist oder wenn das zu adoptierende Kind bereits volljährig ist.
- Im Falle einer Scheidung der neuen Ehe ist es nicht ausgeschlossen, dass der Adoptivelternteil nach einer Weile das Interesse am Adoptivkind verliert, das auf diesem Weg dann zwei Elternteile »verloren« hat.
- Mit der Adoption entstehen auch für das Kind Pflichten gegenüber dem Stiefelternteil, beispielsweise muss es für Unterhalt und Pflege aufkommen, wenn dieser pflegebedürftig wird und sein Geld nicht ausreicht.

▶ **Tipp**
Überlegen Sie genau, aus welchen Gründen Sie das Kind adoptieren möchten. Denn eine emotionale Bindung lässt sich auch ohne Adoption vertiefen, die Rechte des Stiefelternteiles im Alltag können durch eine Vollmacht gestärkt werden und eine Benachteiligung des Stiefkindes in der Erbfolge kann man durch ein entsprechendes Testament ausschließen. Dagegen kann das Gefühl des Kindes, um seinen leiblichen Vater oder seine leibliche Mutter beraubt worden zu sein, später für einigen Zündstoff sorgen.

Denn auch wenn es nach außen nicht so scheinen mag und soll: Sie sind und bleiben eine Patchwork-Familie – mit und ohne Adoption.

Das Adoptionsverfahren

Mit einer Adoption sollten alle Beteiligten einverstanden sein: die leiblichen Eltern, der Stiefelternteil, die Kinder und auch die Stiefgeschwister. Wenn sich alle einig sind, dass dieser Weg für sie der richtige ist, kann man das Adoptionsverfahren einleiten:

- Zuerst muss ein Antrag auf Adoption beim Vormundschaftsgericht gestellt und notariell beurkundet werden.
- Handelt es sich um ein minderjähriges Kind, holt das Gericht ein Gutachten des Jugendamtes ein. Dazu gehört auch, dass die Angehörigen und Eltern des Kindes sowie Stiefgeschwister angehört werden.
- Das Kind und seine leiblichen Eltern müssen mit der Adoption einverstanden sein. Nur in Ausnahmefällen kann das Vormundschaftsgericht die Zustimmung eines Elternteiles ersetzen.
- Das Vormundschaftsgericht entscheidet anschließend über die Adoption. Stimmt es zu, bekommt der adoptierende Elternteil den Beschluss zugestellt. Damit ist die Adoption wirksam.
- Der Beschluss muss dann dem Standesamt mitgeteilt werden, damit die Eintragungen von Namen und Familienstand geändert werden können.

Was geschieht bei einer Scheidung?

Trennen sich der leibliche und der Adoptivelternteil, werden Sorge-, Unterhalts- und Umgangsrecht genauso geregelt, als handele es sich um die beiden leiblichen Elternteile. Beide bekommen automatisch das gemeinsame Sorgerecht, und es wird entschieden, bei wem die Kinder wohnen. Es kann also passieren, dass das Gericht im Falle einer Scheidung entscheidet, die Kinder bei ihrem Adoptivelternteil wohnen zu lassen.

Das liebe Geld

Patchwork-Familien haben selten Geld zu verschenken: Es sind mehr Kinder zu verpflegen und einzukleiden, und natürlich will keiner auf seinen Sportverein, die Musikstunde oder den Ausflug mit Freunden verzichten. Deshalb sollten Patchwork-Eltern genau hinsehen, wo sie die ein oder andere Mark einsparen können.

So kann es aus steuerlicher Sicht vorteilhaft sein zu heiraten. Die gemeinsame steuerliche Veranlagung kann aber von Fall zu Fall sehr unterschiedlich ausfallen, man sollte sich deshalb bei einem Steuerberater genau informieren.

Ehegatten-Splitting

Der größte steuerliche Vorteil bei Verheirateten ist das Ehegatten-Splitting. Es ergibt sich aus einer gemeinsamen steuerlichen Veranlagung und hat vor allem dann Vorteile, wenn die Ehepartner unterschiedlich viel verdienen. Sind die Einkünfte eher gleich, bringt das Splitting wenig Vorteile.

Das Verfahren läuft folgendermaßen: Die Einkünfte der Ehepartner werden zusammengerechnet. Dann wird die Steuer von der Hälfte des zu versteuernden Einkommens nach der Grundtabelle berechnet und auf die gemeinsamen Einkünfte angewendet.

Da unverheiratete Paare sich steuerlich nicht gemeinsam veranlagen lassen können, ist in diesem Fall auch das Splitting nicht möglich.

▶ *Beispiel*

Bei einem Ehepaar verdient der Mann 100.000 DM im Jahr, seine Frau 50.000 DM. Das macht zusammen 150.000 DM zu versteuerndes Einkommen. Jetzt wird gesplittet, das heißt: Der Steuersatz wird nach der Hälfte des gesamten Einkommens, in diesem Fall also 75.000 DM, berechnet. Das Ehepaar muss also nicht den Spitzensteuersatz für 150.000 DM bezahlen, sondern nur den, der für ein Einkommen von 75.000 DM gilt.

Kinder

Wer Kinder hat, kann Steuern sparen – selbst wenn es »nur« die Stiefkinder sind. Man kann sich nämlich sowohl die leiblichen als auch Adoptiv-, Pflege- oder Stiefkinder in die Lohnsteuerkarte eintragen lassen. (Unter Pflegekindern versteht man nicht leibliche Kinder, die über einen längeren Zeitraum in der Familie mit aufwachsen – sie sind also nicht zu verwechseln mit Stiefkindern, die einen leiblichen Elternteil in der Familie haben.) Derjenige, bei dem die Kinder eingetragen sind, kann zwischen dem Kinderfreibetrag und dem Kindergeld wählen.

Das Gute: Stiefkinder gelten dabei als »Zählkinder«. Das heißt, sie werden den eigenen Kindern zugerechnet, und man erhält für sie mehr Kindergeld.

Eine Frau bringt zwei Kinder mit in die Ehe. Ihr Partner hat ebenfalls ein Kind. Alle drei Kinder laufen nun über seine Lohnsteuerkarte. Er bekommt also für die ersten beiden Kinder ein Kindergeld von 270 DM, für das dritte jedoch 300 DM. Wären die beiden Kinder bei ihrer Mutter vermerkt, bekäme die Familie für jedes der Kinder lediglich 270 DM.

Auch der Kinderfreibetrag kann auf den Stiefelternteil übertragen werden, wenn er zusammen mit den Kindern in einem Haushalt lebt. Dieser Freibetrag liegt seit 1997 bei 3456 DM je Elternteil, bei Verheirateten beträgt er insgesamt 6912 DM, und zwar so lange, bis das Kind seine Ausbildung abgeschlossen hat. Darüber hinaus gibt es seit 2000 den Betreuungsfreibetrag von 1512 DM je Elternteil, beziehungsweise 3024 DM bei Verheirateten. Er kann für Kinder bis zur Vollendung des 16. Lebensjahres geltend gemacht werden.

Im Gegensatz zu früher können allerdings keine Unterhaltszahlungen an Stiefkinder vor dem Finanzamt geltend gemacht werden. Darunter fallen auch Nachhilfestunden oder Mitgliedsbeiträge für Sport- oder Musikvereine.

Absetzen kann man solche Aufwendungen nur dann, wenn für diese Kinder niemand einen Anspruch auf den Kinderfreibetrag erhebt oder Kindergeld erhält. Das ist beispielsweise dann der Fall, wenn die leiblichen Eltern verstorben sind und die Kinder weder Pflege- noch Adoptivkinder, sondern die Stiefkinder des Antragstellers sind.

Was tut Vater Staat für uns?

Zwei kleine Familien finden sich zu einer großen zusammen – da stellt sich schnell auch die Frage nach entsprechendem Wohnraum. Aber nicht immer können sich die frisch gebackenen Patchwork-Familien eine größere Wohnung oder sogar ein Haus leisten. Vor allem dann nicht, wenn sich einer der beiden um die Kinder kümmern muss und einem bezahlten Job nur teilweise oder gar nicht nachgehen kann.

Wohngeld

Familien, die für sich keine angemessene und bezahlbare Wohnung finden, sollten prüfen, ob sie nicht Anspruch auf Wohngeld haben. Dieser Anspruch richtet sich:

- nach der Zahl der im Haushalt lebenden Familienmitglieder. Dazu können zählen: der Haushaltsvorstand, Ehegatte, Eltern, Kinder, Stief- und Adoptivkinder, Geschwister, Schwiegereltern, Schwager, Schwägerin, Onkel, Tante und andere Angehörige;
- nach der Höhe des Familieneinkommens. Dieses setzt sich zusammen aus den Jahreseinkommen aller Familienmitglieder, die im Haushalt leben. Dazu zählen nicht nur Löhne und Gehälter, sondern auch Arbeitslosen- und Krankengeld, Renten aus der gesetzlichen Rentenversicherung, Ruhegelder, Witwen- und Waisengelder, Unterhaltszahlungen und Kindergeld;
- nach der Höhe der Miete oder einer anderweitigen Belastung. Wohngeld kann beantragt werden für eine Wohnung, ein Zimmer oder auch für die Kosten für einen Heimplatz.

Leben Partner in einer nicht ehelichen Lebensgemeinschaft, werden die Einkünfte des Partners ebenfalls bei der Berechnung des Wohngeldes berücksichtigt. Damit soll vermieden werden, dass unverheiratete Wohngeldempfänger besser gestellt werden als Verheiratete in einer vergleichbaren Situation.

Steigt die Zahl der Kinder oder der Mieter oder verringert sich das Einkommen, beispielsweise weil einer der Partner seine Arbeit verliert, erhöht sich das Wohngeld, das der Familie zusteht.

Ähnlich wie Mietern das Wohngeld kann auch Eigentümern einer Eigentumswohnung oder eines Hauses ein Lastenzuschuss zustehen. Ausschlaggebend sind die Kriterien, nach denen auch über das Wohngeld entschieden wird. Voraussetzung für den Lastenzuschuss ist, dass der Eigentümer selbst in der Wohnung oder dem Haus wohnt und auch die Belastung dafür aufbringt.

Einen Antrag auf Wohngeld oder Lastenzuschuss kann man bei der zuständigen Wohngeldstelle der Gemeinde-, Stadt-, Amts- oder Kreisverwaltung stellen.

▶ *Beispiele für die Berechnung des Wohngeldes*
Beispiel 1:
Ehepaar mit einem Kind
Ehemann ist Alleinverdiener
Brutto-Monatseinkommen

(ohne Kindergeld)	3.200,00 DM
abzüglich Werbungskostenpauschale	166,67 DM
	3.033,33 DM
pauschaler Abzug (30%)	909,99 DM
monatliches Gesamteinkommen	2.123,34 DM

zu bezahlende
monatliche Bruttokaltmiete   750,00 DM
zuschussfähige monatliche Miete   750,00 DM
(höchstens 762,77 DM)
Mietzuschuss monatlich   138,86 DM

Der Mietzuschuss ergibt sich aus der Wohngeldtabelle für drei Familienmitglieder bei einem zu berücksichtigenden monatlichen Gesamteinkommen von mehr als 2.112,30 bis 2.131,85 DM und einer zuschussfähigen Miete von mehr als 743,22 bis 762,77 DM.

Beispiel 2:
Ehepaar mit zwei Kindern
Ehemann ist Alleinverdiener
Brutto-Monatseinkommen
(ohne Kindergeld)   2.800,00 DM
abzüglich Werbungskostenpauschale   166,67 DM

                                  2.633,33 DM
pauschaler Abzug (20 %)   526,66 DM

monatliches Gesamteinkommen   2.106,67 DM
zu bezahlende
monatliche Bruttokaltmiete   1.080,00 DM
zuschussfähige monatliche Miete   1.080,00 DM
(höchstens 1.105,04 DM)
Mietzuschuss monatlich   473,31 DM

Der Mietzuschuss ergibt sich aus der Wohngeldtabelle für vier Familienmitglieder bei einem zu berücksichtigenden monatlichen Gesamteinkommen von mehr als 2.092,74 bis 2.112,30 DM und einer zuschussfähigen monatlichen Miete von mehr als 1.075,71 bis 1.095,26 DM.

Die Wohngeldtabellen und weitere Informationen zu diesem Thema finden Sie auch im Internet unter www.bundesregierung.de

Sozialwohnungen

Eine weitere Möglichkeit, eine bezahlbare Wohnung für die neue Familie zu finden, bietet der Staat mit speziell geförderten Wohnungen. Um eine solche Sozialwohnung kann sich jeder bewerben, dessen Einkommensverhältnisse nicht ausreichen, um eine geeignete Wohnung auf dem freien Markt zu finden. Der erste Schritt ist ein Antrag beim zuständigen Wohnungsamt. Dort wird – ähnlich wie beim Wohngeld – errechnet, ob ein Anspruch vorliegt. Ist das der Fall, stellt das Amt einen so genannten Wohnungsberechtigungsschein aus, den man braucht, um eine staatlich geförderte Wohnung mieten zu dürfen.

Die Eigenheimzulage

Familien, die sich ein Haus oder eine Wohnung kaufen, steht eine so genannte Eigenheimzulage zu. Diese umfasst den Fördergrundbetrag sowie die Kinderzulage und richtet sich anteilsmäßig nach der Summe, die für das Eigenheim aufgewendet werden muss.

Fördergrundbetrag bei einem Kauf: Fünf Prozent der Bemessungsgrundlage, also der Herstellungs- oder Anschaffungskosten, höchstens jedoch 5000 DM pro Jahr. Nach Ablauf des zweiten Jahres 2,5 Prozent der Bemessungsgrundlage, höchstens jedoch 2500 DM pro Jahr.

Fördergrundbetrag bei einem Neubau: Fünf Prozent der Bemessungsgrundlage, höchstens jedoch 5000 DM pro Jahr. Nach Ablauf des auf das Jahr der Fertigstellung folgenden Jahres 2,5 Prozent der Bemessungsgrundlage, höchsten jedoch 2500 DM pro Jahr.

Fördergrundbetrag bei An- oder Ausbau: 2,5 Prozent der Bemessungsgrundlage, höchstens jedoch 2500 DM pro Jahr.

Kinderzulage: Diese kann für jedes Kind in Anspruch genommen werden, das zu dem Antragsteller in einem steuerlichen Kindschaftsverhältnis steht, sprich für jedes Kind, das auf der Lohnsteuerkarte eingetragen ist.

Außerdem muss das Kind zu Beginn des Kalenderjahres unter 18 Jahre alt sein oder in der Berufsausbildung stehen.

Das Kind muss mindestens in einem Jahr des Förderzeitraumes im Haushalt der Familie gelebt haben. Es gehört auch dann noch zum Haushalt, wenn es mit Einwilligung der Eltern an einem anderen Ort studiert oder eine Berufsausbildung macht.

Laufzeit: Die Eigenheimzulage kann im Jahr der Fertigstellung oder Anschaffung des Objekts sowie in den folgenden sieben Jahren – also insgesamt acht Jahre – in Anspruch genommen werden.

Höchstgrenze: Die Summe der Fördergrundbeträge und der Kinderzulagen darf die Bemessungsgrundlage nicht überschreiten. Bei Aus- oder Umbauten dürfen 50 Prozent der Bemessungsgrundlage nicht überschritten werden.

Auszahlung: Die Eigenheimzulage wird einmal im Jahr ausbezahlt. Erhöht sich die Förderung, wird der Differenzbetrag innerhalb eines Monats extra überwiesen.

Antrag: Den Antrag auf Eigenheimzulage muss man beim zuständigen Finanzamt stellen.

▶ *Tipp*

Viele junge Patchwork-Familien haben trotz der Fördermöglichkeiten einfach nicht genug Geld, ein größeres Haus oder eine größere Wohnung zu kaufen. Hat einer der Partner bereits ein Haus, das für die Patchwork-Familie allerdings zu klein ist, lässt sich die Eigenheimzulage auch für einen Aus- oder Umbau sehr gut nutzen. Der Vorteil: Die Kosten sind viel geringer und wenn mehrere Kinder im Haushalt leben, kann man bis zu 50 Prozent der Kosten durch die Zulage wieder reinholen.

Verheiratet oder nicht?: Auch Unverheiratete haben Anspruch auf diese Förderung. Allerdings kann bei nicht ehelichen Lebensgemeinschaften nur jeder für sich und für seinen Anteil an der Immobilie eine Eigenheimzulage geltend machen. Ehepartner dagegen werden gemeinsam veranlagt und bekommen die Zulage für den gesamten Kaufpreis des Eigenheims.

Voraussetzung für eine solche Förderung ist, dass es sich um eine Eigentumswohnung oder ein Haus im Inland handelt und dass die Einkommensgrenze nicht überschritten wird.

Bei der Berechnung dieser Einkommensgrenze wird das Einkommen der letzten beiden Jahre berücksichtigt. So darf ein Alleinstehender in den beiden Jahren vor der Antragstellung nicht mehr als insgesamt 160.000 DM zu versteuerndes Einkommen verdient haben, bei Ehegatten liegt die Grenze bei insgesamt 320.000 DM. Außerdem muss die Familie selbst oder ein Familienmitglied darin wohnen – das ist beispielsweise dann der Fall, wenn ein Kind mietfrei in der Wohnung lebt, um an einem weiter vom Wohnort entfernten Ort zu studieren.

Die Eigenheimzulage gibt es allerdings nur einmal. Das heißt: Hat einer der beiden Partner die Förderung schon einmal erhalten – beispielsweise als er sich zusammen mit dem ersten Partner eine Wohnung gekauft hat –, kann er die Zulage nicht noch einmal bekommen, wenn er mit dem neuen Partner nun ein Haus kaufen möchte. Hat dieser jedoch noch keine Eigenheimzulage erhalten, kann er diese wenigstens auf seinen Anteil am Kaufpreis geltend machen. In diesem Fall wäre es natürlich – finanziell – am günstigsten, derjenige, der den Anspruch auf Förderung noch hat, würde das Haus alleine kaufen und somit die Eigenheimzulage für das gesamte Objekt erhalten.

Allerdings bekommt er in diesem Fall natürlich keine Kinderzulage für die Kinder, die auf der Lohnsteuerkarte des nicht berechtigten Partners stehen.

4. Patchwork bei Homosexuellen

Zwei Mamas, zwei Papas?

Gleichgeschlechtliche Paare, die zusammen eine neue Familie gründen, haben es nicht einfach. Zu den ganz normalen Anlaufschwierigkeiten, die fast jede neu zusammengewürfelte Lebensgemeinschaft bewältigen muss, kommen noch ganz andere Probleme. Sowohl das Paar als auch die Kinder sehen sich oft Vorurteilen ausgesetzt, Ex-Partner, Familie und Freunde reagieren mit Unverständnis, und manchmal beschleicht die Eltern die Sorge: Fehlt den Kindern nicht vielleicht doch das andere Geschlecht im Haus? All das kann das Glück der neuen Liebe erheblich belasten – ein Glück, auf das homosexuelle Paare das gleiche Recht haben wie heterosexuelle.

Was die anderen so denken

Wenn Sie zu jenen Homosexuellen zählen, die sich schon länger offen zu ihrer Homosexualität bekannt haben, werden Sie wahrscheinlich bereits einige Übung im Umgang mit den Vorurteilen mancher Mitmenschen haben. Familie, Bekannte und Freunde wissen, dass man sich für das eigene Geschlecht entschieden hat, Konflikte sind ausgetragen oder liegen zumindest offen auf dem Tisch.

Wenn Sie bisher jedoch in einer heterosexuellen Partnerschaft gelebt und Kinder bekommen haben und sich nun zu einem Menschen des gleichen Geschlechts hingezogen fühlen, wird Ihr neuer Lebensabschnitt vermutlich mit einer Achterbahnfahrt beginnen: Nicht nur, dass Ihre eigenen Gefühle unter dem Eindruck dieser neuen Liebe völlig verrückt spielen, auch für Ihre Umwelt ist diese Entscheidung zutiefst verwirrend, kommt vermutlich »wie aus heiterem Himmel«. Familie, Freunde, Bekannte und Kollegen müssen sich nicht nur mit Ihrer Trennung von Ihrem Ex-Partner oder Ihrer Ex-Partnerin abfinden, sie werden plötzlich mit einer Seite von Ihnen konfrontiert, von der sie bisher keine Ahnung hatten. Alle glaubten doch, Sie zu kennen – und müssen nun zur Kenntnis nehmen, dass sie von einer entscheidenden Facette Ihrer Persönlichkeit nicht einen blassen Schimmer hatten.

Ihre Eltern wünschen sich, dass Sie in einer glücklichen Familie leben, gesellschaftlich anerkannt sind, und befürchten nun, dass Sie sich Ihre Zukunft durch Ihre neue Liebe verbauen. Oft ist der Familie der Gedanke an Homosexualität auch »unangenehm«, man möchte nicht »ins Gerede kommen« – die Palette der Bedenken ist vielfältig. Und ebenso sind es die Reaktionen auf das »Outing«.

Nur selten nimmt die Umwelt ein Bekenntnis zur gleichgeschlechtlichen Liebe gleichmütig oder gar freudig auf – darüber müssen Sie und Ihr neuer Partner sich im Klaren sein. Deshalb sollten Sie Ihr Outing nicht überhastet vornehmen. Stattdessen sollten Sie und Ihr Partner sich genügend Zeit geben, einander besser kennen zu lernen und zusammenzuwachsen. Denn erst wenn Sie sich sicher sein können, dass Sie dem Partner absolut vertrauen können, er Ihnen Rückhalt in schwierigen Situationen geben kann, lassen sich auch die möglicherweise anstehenden Konflikte ruhiger und mit mehr Selbstvertrauen angehen.

Wie sag ich's den anderen?

Reden Sie mit den Menschen, die Ihnen nahe stehen, erst, wenn Sie sicher wissen, was Sie wollen. Denn dann strahlen Sie selbst die notwendige Sicherheit aus und können andere leichter überzeugen, dass der eingeschlagene Weg für Sie der richtige ist. Spüren Ihre Mitmenschen jedoch, dass Sie selbst noch an Ihrer Entscheidung zweifeln, werden die meisten von ihnen immer wieder versuchen, sie umzustimmen.

Wie und wann Sie Familie und Freunde mit Ihrem Entschluss vertraut machen, können nur Sie selbst entscheiden: Ratsam ist es natürlich, erst einmal mit jenen Menschen zu reden, die einem am nächsten stehen und von denen man glaubt, dass sie am ehesten Verständnis für die neue Situation haben.

Hängen Sie Ihre Erwartungen aber nicht zu hoch. Seien Sie nicht enttäuscht, wenn selbst enge Vertraute ablehnend, entsetzt, aggressiv oder abweisend reagieren. Schließlich haben gerade diese Menschen geglaubt, Sie gut zu kennen, und sehen jetzt eine völlig neue Seite an Ihnen.

Geben Sie Ihrer Umgebung also Zeit, sich an die neue Situation zu gewöhnen. Zeigen Sie Verständnis für die Verwirrung, die Ihr »Outing« auslöst. Machen Sie aber auch unmissverständlich klar, dass Sie sich die Sache reiflich überlegt haben und sich sicher sind, dass Sie zu der neuen Beziehung bedingungslos stehen.

Und zeigen Sie allen, wie glücklich Sie mit dem neuen Partner sind – ein fröhlicher Mensch steckt an!

► **Und noch was ...**

Auch wenn es Zeit braucht und unter Umständen einiges an Nerven kostet: Kämpfen Sie um die Menschen, die es Ihnen wert sind. Machen Sie ihnen klar, dass Sie immer noch der gleiche Mensch sind – auch wenn es im ersten Moment so aussehen mag, als seien Sie ein ganz anderer als der, den Ihre Umgebung zu kennen glaubte. Geben Sie offen zu, dass Sie Angst hatten, sich zu Ihrer Homosexualität zu bekennen, und dass Sie sehr verletzt wären, wenn man sich deshalb von Ihnen abwenden würde – zumal eine solche Reaktion an Ihren Gefühlen nichts würde ändern können.

Wie erklär ich's meinem Kind?

Selbst wenn die Kinder zu Beginn der neuen Beziehung noch sehr klein sind, irgendwann wird ihnen der Unterschied zwischen ihrer eigenen und anderen Familien auffallen. Dann wollen sie natürlich wissen: »Warum sind wir so anders als die anderen?« Sie sollten mit Ihren Kindern also so offen und so bald als möglich über den »kleinen Unterschied« reden. Denn nur so können sie, auch nach außen, Selbstbewusstsein im Umgang mit ihrer Familie entwickeln. Anderenfalls laufen Sie Gefahr, dass sich die Kinder ihrer Familie schämen und sich beispielsweise nicht trauen, Freunde mit nach Hause zu bringen. Erklären Sie Ihrem Kind also,

- dass man sich nicht aussuchen kann, in wen man sich verliebt, und dass gleichgeschlechtliche Liebe nichts »Abartiges« ist und auch gar nicht so selten vorkommt;
- dass viele Menschen dennoch Vorurteile gegenüber Schwulen und Lesben haben und dass auch Sie deshalb

Hemmungen hatten, sich zu Ihrer Homosexualität zu bekennen;

- dass der neue Partner keineswegs den leiblichen Elternteil ersetzen soll und kann und dass das Kind diesen Kontakt auf jeden Fall beibehalten darf;
- dass auch andere Menschen Probleme haben, Ihre Entscheidung zu akzeptieren – beispielsweise Ihr Ex-Partner oder Ihre Eltern –, Sie aber sicher sind, dass diese Bedenken mit der Zeit nachlassen werden;
- dass auch die Freunde Ihres Kindes mit Bemerkungen, Vorurteilen und Ablehnung reagieren können. Bieten Sie Ihrem Kind an, mit diesen Freunden darüber zu reden. Auch wenn es Ihrem Kind wahrscheinlich zunächst einmal peinlich ist: Es wird ihm helfen, wenn es Freunde mit nach Hause bringen kann und Sie offen mit ihnen über Homosexualität reden.

Geben Sie auch Ihrem Kind Zeit, sich an die neue Situation zu gewöhnen. Noch mehr als bei »normalen« Patchwork-Familien wird in Ihrem Fall das Weltbild des Kindes schließlich in mehrfacher Hinsicht ins Wanken gebracht. Überfordern Sie es deshalb nicht, sondern lassen Sie es den neuen Partner in Ruhe kennen lernen. Wenn es – vielleicht auch nur sehr langsam – eine freundschaftliche Beziehung zu Ihrem neuen Lebensgefährten aufgebaut hat, werden die Bedenken gegenüber Ihrer Beziehung immer mehr in den Hintergrund treten.

Fehlt meinem Kind etwas?

Die Ressentiments vieler Mitmenschen gegenüber homosexuellen Paaren mit Kindern sind ebenso unbegründet wie in vieler Hinsicht einfältig: »Zwei Väter (zwei Mütter) – das tut dem Kind nicht gut, da wird es ja nur rein männlich (rein weiblich) erzogen. Da wird das Kind später auch keine normale Beziehung führen können, weil es so etwas ja gar nicht kennt. Und überhaupt: So erzogen, muss das Kind ja später auch lesbisch oder schwul werden.«

Doch auch, wenn sie es sich selbst häufig nicht eingestehen wollen und es erst recht nicht offen zugeben würden: Manchmal plagen auch homosexuelle Eltern Zweifel, ob dem eigenen Kind nicht »irgendwas fehlt« oder ob es später eine glückliche Beziehung zum anderen Geschlecht wird eingehen können.

Solche Zweifel sind zwar normal, in der Regel aber unbegründet. Natürlich: Leben zwei Frauen zusammen und bringen immer wieder ihre Abneigung Männern gegenüber zum Ausdruck, wird dies den heranwachsenden Sohn nicht unberührt lassen. Es wird auch seine späteren Beziehungen zu Frauen prägen. Und das Gleiche gilt natürlich auch für den umgekehrten Fall.

Kinder suchen sich Vorbilder

Doch nur selten hat Homosexualität etwas mit der Abneigung gegenüber dem anderen Geschlecht zu tun – vielmehr mit der Liebe zum eigenen. Deshalb wird eine harmonische homosexuelle Beziehung das Kind im Zweifel positiver beeinflussen als eine unglückliche Gemeinschaft von Mann und Frau. Im Gegenteil: Durch Ihr Vorbild zeigen Sie Ihrem Kind, dass es sich lohnt, für den richtigen Partner zu kämpfen, und wenn es nicht anders geht, auch ungewöhnliche Wege zu gehen.

Wichtig ist allerdings auch, dass der Nachwuchs den engen Kontakt zu Erwachsenen anderen Geschlechts nicht verliert, dass beispielsweise der Kontakt zum getrennt lebenden Elternteil aufrechterhalten bleibt. Aber auch in der Schule, im

Kindergarten, im Verein und nicht zuletzt in der Familie oder in Ihrem Freundeskreis bieten sich Möglichkeiten, Vorbilder des anderen Geschlechts zu finden. Hat Ihr Kind ein solches Vorbild, sollten Sie es ihm lassen, denn Kinder brauchen Menschen, denen sie nacheifern können – sowohl männliche als auch weibliche.

Wer häufig Vorurteilen ausgesetzt ist, dem fällt es manchmal schwer, sachlich zu bleiben. Vermeiden Sie es jedoch, Ihrem Unmut Luft zu verschaffen, wenn die Kinder dabei sind. Für sie ist es schwer, die Zusammenhänge zu begreifen und Ihr Verhalten richtig einzuordnen. Für einen Sohn wäre es beispielsweise verwirrend und verletzend, wenn seine Mutter, und wenn auch nur im Zorn, erklären würde, alle Männer seien Machos und man könne ihnen sowieso nicht trauen, was im Übrigen aber auch für Söhne »normaler« Mütter gilt.

Einmischung von außen

Nicht immer wird die Entscheidung einer Frau oder eines Mannes für das eigene Geschlecht von der Familie akzeptiert. Häufig wird die neue Beziehung irgendwann »wohl oder übel« hingenommen, im schlimmsten Fall versucht man aber, die Partnerschaft zu zerstören.

Was können Sie tun, wenn die eigene Familie versucht, über Ihr Kind Druck auf Sie auszuüben? Hier hilft nur die Flucht nach vorne:

- Erklären Sie den Betreffenden, dass die Situation für Sie und gerade auch für Ihre Kinder schon schwer genug ist. Dass es aber vor allem den Kindern schadet, wenn sie merken, Partei innerhalb der eigenen Familie ergreifen zu müssen. Den größten Schaden wird nämlich der Nachwuchs davontragen, weil er sich nun nirgendwo mehr sicher fühlen kann und schließlich überhaupt nicht mehr weiß, was richtig und was falsch ist und zu wem er eigentlich gehört.

- Machen Sie deutlich, dass Ihre Rolle als Mutter oder Vater nichts mit Ihrer Liebesbeziehung zu tun hat, dass Sie nach wie vor so mit den Kindern umgehen, wie Sie es vorher auch getan haben.
- Reden Sie mit Ihren Kindern offen über die Situation, vorausgesetzt natürlich, sie sind alt genug. Erklären Sie ihnen, wie sehr Sie das Verhalten der übrigen Familie verletzt und dass sie sich nicht zwischen Ihnen und der übrigen Familie entscheiden oder Partei ergreifen müssen.
- Wenn es gar nicht anders geht, schränken Sie Besuche bei der Familie erst einmal ein und erklären Sie, warum Sie das tun.
- Versuchen Sie aber nach einer Weile, sich Schritt für Schritt wieder anzunähern. Machen Sie Ihrer Familie deutlich, wie wichtig sie Ihnen ist und dass Sie sich darum bemühen, die Wogen zu glätten – allerdings nicht um jeden Preis.

In manchen Fällen versucht auch der Ex-Partner, die homosexuelle Lebensgemeinschaft unter Druck zu setzen. Nicht zuletzt mit der Drohung, das alleinige Sorgerecht erstreiten zu wollen und die Kinder zu sich zu holen. Eine solche Reaktion wäre zwar nicht unüblich, aber noch kein Grund, in Panik zu geraten. Besprechen Sie das Problem in Ruhe mit Ihrem Anwalt. Denn Ihr Ex-Partner muss Ihnen erst einmal nachweisen, dass Ihre neue Beziehung den Kindern ernsthaften Schaden zufügt – was in der Regel ziemlich schwierig sein dürfte. Nur aufgrund Ihrer Homosexualität darf Ihnen das Sorgerecht nicht abgesprochen werden. Das wäre eine Form von Diskriminierung, und die ist nun einmal verboten.

Sich aussprechen zu können ist wichtig

Wenn Sie sich in Ihrer neuen Situation allzu unsicher fühlen oder gar massivem Druck durch Ihre Familie oder den Ex-Partner ausgesetzt sind, kann auch der Kontakt zu Gleichgesinnten sehr hilfreich sein. In Schwulen- und Lesbengruppen beispielsweise haben Sie die Möglichkeit, sich über Ihre Probleme auszutauschen, finden Verständnis und erfahren vielleicht, wie andere mit einer ähnlichen Situation umgegangen sind.

Der rechtliche Stand der Dinge

Wie sieht die rechtliche Situation von homosexuellen Paaren in Deutschland aus? Zwar gibt es noch immer viele Schwachstellen hinsichtlich der Gleichstellung von Homosexuellen mit Heterosexuellen. Doch immerhin hat der Gesetzgeber das Problem erkannt und bemüht sich, mit neuen Regelungen mehr Gerechtigkeit für Schwule und Lesben zu gewährleisten.

Ehe light?

Mit dem neuen **Lebenspartnerschaftsgesetz** für schwule und lesbische Partnerschaften ergeben sich für homosexuelle Paare und deren Patchwork-Familien einige Neuerungen. Gleichgeschlechtliche Paare haben nun die Möglichkeit, vor dem Standesamt eine »eingetragene Lebenspartnerschaft« zu gründen. Zwar bestehen in einer solchen Lebenspartnerschaft nicht die gleichen Rechte und Pflichten wie in einer Ehe, doch in vielen Punkten sind sich beide Institutionen schon recht ähnlich. Es ist also auf jeden Fall ein Schritt in die richtige Richtung.

Geschlossen wird die eingetragene Lebenspartnerschaft ähnlich wie eine Ehe: Beide Partner erklären gegenüber dem Standesbeamten, dass sie miteinander eine Partnerschaft auf Lebenszeit führen wollen. Daraufhin wird die Gründung der Lebenspartnerschaft in ein so genanntes Lebenspartnerschaftsbuch eingetragen – ähnlich dem Eintrag in ein Familienbuch.

Welche Auswirkungen hat die rechtlich gesicherte Lebenspartnerschaft?

■ Die Lebenspartner können einen gemeinsamen Namen bestimmen oder auch einen Doppelnamen führen.

■ In vielen rechtlichen Fragen werden die Lebenspartner mit Ehepartnern gleichgestellt. Beispielsweise wird bei einem Antrag auf Sozialhilfe, Wohngeld oder Ausbildungsförderung das Einkommen des Lebenspartners so berücksichtigt wie das eines Ehegatten.

■ Vor Gericht hat der Lebenspartner das Recht, die Aussage zu verweigern, wenn es um seinen Partner geht.

■ Beide Partner sind einander gegenseitig zu angemessenem Unterhalt verpflichtet.

■ Vermögensrechtliche Verhältnisse können beide durch einen Lebenspartnerschaftsvertrag (ähnlich dem Ehevertrag) regeln.

■ Vermögen, das die Partner vorher hatten oder während der Partnerschaft erwerben, ist kein gemeinschaftliches Vermögen. Jeder der beiden verwaltet seine finanziellen Angelegenheiten selbst.

- Das Steuerrecht der Lebenspartnerschaften wird an das der Ehegemeinschaften angelehnt – hier ist also ebenfalls eine Art »Splitting« möglich.
- Lebenspartner können beitragsfrei in der Kranken- und Pflegeversicherung ihres Partners familienversichert sein.
- Der Lebenspartner gilt als Familienangehöriger, seine Verwandten sind mit seinem Partner verschwägert, so sind die Eltern beispielsweise dann die Schwiegereltern des Partners – und bleiben es auch dann noch, wenn die Lebenspartnerschaft aufgelöst wird.
- Stirbt ein Lebenspartner, erbt der andere neben Verwandten erster Ordnung (leibliche Kinder, dann Enkel, dann Urenkel) ein Viertel. Gibt es nur noch Verwandte zweiter Ordnung (Eltern, dann Geschwister, dann Nichten und Neffen) oder Großeltern, erbt er neben diesen zur Hälfte.

Das kleine Sorgerecht

Neu und sehr wichtig ist auch die Regelung, die den alltäglichen Umgang mit den Kindern des Partners betrifft und diesen in vielen Punkten sehr erleichtert: Hat der leibliche Elternteil das alleinige Sorgerecht, kann dem homosexuellen Lebenspartner die Befugnis erteilt werden, in alltäglichen Angelegenheiten mit für die Kinder zu entscheiden. Hierbei geht es vor allem darum, dass der Partner Auskunft vom Lehrer über schulische Leistungen verlangen oder bestimmte Unterschriften, beispielsweise bei einer Entschuldigung, leisten darf. Außerdem kann er Entscheidungen, die die normale medizinische Versorgung des Kindes betreffen, selbst treffen, wenn der leibliche Elternteil nicht anwesend ist.

Dieses so genannte kleine Sorgerecht wird jedoch nicht unbeschränkt eingeräumt. Es kann jederzeit vom Familiengericht wieder aufgehoben werden, wenn beispielsweise die

Partner sich permanent über Erziehungsfragen streiten und diese Situation das Wohl der Kinder beeinträchtigt.

Stirbt der leibliche Elternteil der Kinder, kann der Lebenspartner vor Gericht eine Verbleibensanordnung erwirken, außerdem kann ihm ein Umgangsrecht eingeräumt werden, wenn es dem Wohl der Kinder dient. Dieses Umgangsrecht bestimmt ebenso wie bei Scheidungen, wie oft der Betreffende die Kinder sehen darf, zum Beispiel jedes zweite Wochenende.

Darüber hinaus haben beide Lebenspartner die Möglichkeit, Erziehungsgeld zu bekommen und Erziehungsurlaub für die Kinder zu nehmen.

Ist Adoption möglich?

Im Gegensatz zu Ehepaaren haben gleichgeschlechtliche Lebensgemeinschaften keine Möglichkeit, gemeinsam ein Kind zu adoptieren. Daran ändert auch die neue Gesetzeslage nichts. Etwas anders sieht es aus, wenn einer der Partner das leibliche Kind des anderen adoptieren möchte. Einen solchen Fall schließt der Gesetzgeber nicht aus. Allerdings ist hierfür die Zustimmung des getrennt lebenden leiblichen Elternteils notwendig (siehe Kapitel 3).

Trennung der Lebenspartnerschaft

Beide Lebenspartner haben natürlich die Möglichkeit, die eingetragene Lebenspartnerschaft wieder zu lösen. Sie wird durch ein gerichtliches Urteil aufgehoben, wenn einer oder beide dies beantragt haben. Will nur einer die Trennung, muss er diese Erklärung seinem Partner zustellen, kann aber erst nach drei Jahren rechtlich von ihm getrennt werden.

Lebt das Paar getrennt, kann ein Lebenspartner vom anderen angemessenen Unterhalt verlangen. Das gilt auch, wenn die beiden gerichtlich für getrennt erklärt werden. Ein nicht erwerbstätiger Partner kann auch dann Unterhalt verlangen, wenn er nicht in der Lage ist, einer Arbeit nachzugehen. Der Anspruch auf Unterhalt kann jedoch zeitlich begrenzt werden und erlischt automatisch, wenn derjenige, der Unterhalt bekommt, heiratet oder eine neue Lebenspartnerschaft eingeht.

Auch wenn das Lebenspartnerschaftsgesetz besonders im Bereich der finanziellen Regelungen sicherlich noch nicht optimal ist, es ist in jedem Fall ein Schritt in die richtige Richtung. Denn die Möglichkeit, der Partnerschaft eine gesellschaftlich und juristisch anerkannte Grundlage zu geben, verhilft homosexuellen Paaren zu mehr Selbstbewusstsein und Sicherheit.

5. Patchwork – mehr Chancen als Handicaps!

Heile Welt ade?

Patchwork-Familien fallen auf den ersten Blick nach außen hin kaum auf, obwohl sie immer zahlreicher werden. Die meisten Patchwork-Familien wollen auch gar nicht, dass ihr »Anderssein« bemerkt wird. Viele Patchwork-Eltern sind froh, wenn die Kinder den Stiefelternteil »Papa« oder »Mama« nennen – Sätze wie »Das ist mein Stiefvater« oder »Das ist meine Stiefmutter« sind irgendwie peinlich, hören sich befremdlich und so gar nicht nach heiler Welt an.

Was an den Vorurteilen wirklich dran ist

Aber genau diese heile Welt möchten viele nach außen hin demonstrieren, um den Vorurteilen zu begegnen, mit denen jede Patchwork-Familie irgendwann konfrontiert wird.

»Ach, die armen Kinder«, heißt es oft. Die Kinder müssen doch darunter leiden, nicht bei den leiblichen Eltern aufzuwachsen. Kann sich denn eine Stiefmutter überhaupt mit der gleichen Herzlichkeit den fremden Kindern zuwenden? Und

Stiefväter? Hört man nicht immer wieder, dass Stiefväter die ihnen anvertrauten Schützlinge missbrauchen?

Diese und andere Vorurteile sind vielen Stiefeltern bestens bekannt. Aus diesem Grund sind allzu viele Patchwork-Clans krampfhaft bemüht, der Außenwelt – und auch sich selbst – eine heile Welt, eine »ganz normale Familie« vorzuleben. Doch diese Bemühungen enden meist in Stress und Frust: Ganz normale Konflikte machen bereits Angst oder werden unter den Teppich gekehrt, bringen sie doch das Bild von der glücklichen Familie ins Wanken.

Den Kindern von Patchwork-Familien begegnet man ebenfalls mit Vorurteilen, meist in Mitleid verpackt: Kein Wunder, wenn diese Kinder später nicht in der Lage sind, selbst ein normales Familienleben zu führen – es wurde ihnen ja nicht vorgelebt. Die schulischen Leistungen lassen zu wünschen übrig? Kein Wunder bei diesem Durcheinander in der Familie. Die Kinder wissen ja gar nicht, wo sie hingehören – mal sind sie bei der Mutter, mal beim Vater, und jetzt hat die Mutter auch noch einen Neuen.

Zeigen Kinder aus »normalen« Familien Verhaltensauffälligkeiten, sucht man nach einer möglichen Ursache. Bei Patchwork-Kindern ist die Sache dagegen klar: Die familiäre Situation ist schuld. Und oft glauben auch die Patchwork-Eltern, etwas falsch gemacht zu haben. Selbstzweifel und übertriebene Fürsorge sind oft die Folge. Doch dadurch löst man in den seltensten Fällen die Probleme, die das Kind tatsächlich hat.

▶ **Beispiel**

Paul lebt in einer »ganz normalen« Familie. Bis vor einigen Monaten war er ein fröhlicher Junge, ging gerne zur Schule und berichtete zu Hause offen über alles, was ihn bewegte. Doch seit einiger Zeit ist das anders: Er ist schweigsam und ängstlich, erfindet ganz offensichtlich irgendwelche Krankheiten, damit er nicht in die Schule gehen muss. Seine Eltern machen sich begreiflicherweise Sorgen und reden mit ihm. Nach und nach rückt er mit seinem Problem heraus: Eine Clique älterer Schüler fängt ihn regelmäßig auf dem Schulweg ab und verlangt Geld als »Wegezoll« von ihm. Jetzt können die Eltern endlich etwas gegen Pauls Angst unternehmen – das Problem kann gelöst werden.

Markus wird ebenfalls von älteren Mitschülern belästigt, er reagiert genauso wie Paul. Seine Mutter und sein Stiefvater sind genauso besorgt über die Verhaltensänderung des Jungen, reagieren aber völlig anders: Sie glauben, der Junge leide unter dem Chaos, das in der neuen Patchwork-Familie in letzter Zeit vorherrschte. Sie vermuten, dass er seinen leiblichen Vater öfter sehen möchte und bieten ihm diese Möglichkeit auch an. Die Mutter überschüttet ihn mit Liebe und Aufmerksamkeit. Natürlich meinen es die Eltern gut – das eigentliche Problem von Markus wird so aber nicht gelöst.

Ist es wirklich so schlimm?

Eine Patchwork-Familie, die sich von all den gängigen Vorurteilen beeinflussen lässt, nimmt sich die Möglichkeit, alltägliche Probleme unbefangen und kreativ zu lösen. Und das ohne überzeugenden Grund. Denn es gibt keinen Hinweis darauf, dass Patchwork-Kinder später einmal nicht in der Lage sein würden, eine glückliche und dauerhafte Beziehung zu führen. Statt dessen ist die Wahrscheinlichkeit, dass aus ihnen sozial kompetente Erwachsene werden trotz sich hartnäckig haltender Bedenken sehr hoch. Sicher: Es wird immer auch Stiefmütter geben, die den Nachwuchs ihres Partners nicht leiden können und ihn das auch spüren lassen. Und leider wird es wohl auch in Zukunft vorkommen, dass sich Stiefväter an den Kindern ihrer Partnerin vergreifen. Doch solche Fälle sind glücklicherweise die Ausnahme – und sollten keinesfalls das Verhalten derjenigen beeinträchtigen, die es wirklich gut mit ihren Schützlingen meinen.

Darüber hinaus: Würden all die Vorurteile ins Schwarze treffen, sähe die Zukunft düster aus, denn Studien prognostizieren, dass die Hälfte der Kinder, die heute geboren werden, in einer Stieffamilie aufwachsen werden.

Patchwork hat Vorteile!

Stehen Sie als Patchwork-Eltern selbstbewusst zu Ihrer Familie. Sie bietet Ihnen und Ihren Kindern viel Positives:

In einer Patchwork-Familie sind die Partner von Anfang an gezwungen, gemeinsam eine für beide neue Situation zu meistern. Das bedeutet: Beide Seiten müssen miteinander diskutieren, Kompromisse finden – viel mehr als in einer gewachsenen Familienstruktur. Was erst einmal nach Stress und Streit aussieht, kann jedoch eine hervorragende Basis für eine partnerschaftliche und offene Beziehung sein.

Beide Partner finden mit ihren eigenen Vorstellungen von Kindererziehung und Familienleben zueinander. Auch das sorgt zwar für Konfliktstoff, bereichert jedoch die Partner mit neuen Ideen und Sichtweisen, von denen auch die Kinder profitieren!

Eine Patchwork-Familie bietet in der Regel Sicherheiten, die allein Erziehende nicht haben – sowohl emotional als auch finanziell. Das wirkt sich auch auf die Kinder aus. Zum einen profitieren sie von einem zufriedeneren und ausgeglicheneren leiblichen Elternteil, zum anderen haben sie mehr Entwicklungsmöglichkeiten, wenn Mutter oder Vater nicht jede Mark umdrehen muss.

Nicht nur die Kernfamilie erweitert sich bei einer zusammengewürfelten Lebensgemeinschaft. Auch das Umfeld wächst. So kommen neben dem Stiefelternteil in der Regel auch neue Stiefomas, -tanten, -onkel, -geschwister sowie ein neuer Freundeskreis hinzu. Damit bieten sich auch neue Möglichkeiten der Kinderbetreuung an, wenn beispielsweise die Mutter oder der Vater krank wird oder wieder anfangen möchte zu arbeiten.

Auch wenn es eine Weile dauern kann, bis sich die Kinder an den neuen Partner gewöhnt haben: Letztlich schafft die Patchwork-Familie wieder die Sicherheit und Geborgenheit, die dem Nachwuchs bisher gefehlt hat.

Oft glauben Kinder, sie müssten ihren allein erziehenden Elternteil beschützen oder die Rolle des abwesenden Partners einnehmen. Von dieser Aufgabe, die sie nur überfordern kann, sind sie durch den neuen Partner befreit.

Mit der Zahl der Familienmitglieder wächst auch die Gruppe der möglichen Ansprechpartner. Nicht alle Probleme wollen Kinder mit der leiblichen Mutter oder dem leiblichen Vater besprechen. Manchmal ist es für beide sinnvoller, wenn sich der Nachwuchs erst einmal einem neutraleren Dritten anvertraut, der dem Kind trotzdem sehr nahe steht.

Und nicht zuletzt lernen Kinder vom Vorbild ihrer Eltern, dass es sich lohnt, sein Glück selbst in die Hand zu nehmen und auch gegen Widerstände von außen dafür zu kämpfen, statt aus Angst vor einer ungewissen Zukunft oder vor einer finanziellen Verschlechterung in einer unglücklichen Situation zu verharren.

Caroline wächst in einer ganz normalen Durch-
schnittsfamilie auf. Nach außen hin ist alles bestens:
Sie und ihre Eltern wohnen in einem schönen Haus,
die Mutter arbeitet seit der Geburt der Tochter nicht
mehr, der Vater hat einen guten Job. Was die Außenwelt nicht mitbekommt, spürt Caroline sehr wohl:
Die Mutter ist unzufrieden mit ihrem Leben, fühlt
sich nicht gefordert. Sie und ihr Mann leben schon
lange nur noch nebeneinander her, entweder schweigen sie sich an oder sie streiten miteinander. Aber Ca-
rolines Mutter hat Angst, etwas an der Situation zu
ändern. Schließlich, so glaubt sie, hätte sie im Berufs-
leben sowieso keine Chancen mehr. Für Caroline ist
diese Erfahrung prägend: Auch sie hält später als
Frau an einer unglücklichen Beziehung fest und ist
bemüht, den harmonischen Schein nach außen zu
wahren.

So ein unstetes Leben wie ihre Freundin Sarah möchte sie nicht führen, auch wenn sie sie heimlich um ihre glückliche Beziehung beneidet: Sarah hat vor einigen Jahren ihren Mann verlassen und ihre beiden
Kinder alleine erzogen. Vor einem Jahr ist sie mit ihrem neuen Freund zusammengezogen – auch das war
nicht gerade einfach. Aber sie ist zufrieden und weitaus glücklicher als in der Beziehung mit dem Vater
ihrer Kinder. Dass sie ihr Glück selbst in die Hand
nehmen muss, hat Sarah von ihrer Mutter gelernt.
Auch die hatte sich trotz finanzieller Schwierigkeiten nicht davon abhalten lassen, ihren Mann zu verlassen, der sie vernachlässigt und betrogen hatte.

Eine Bereicherung für alle

Eine zusammengewürfelte Lebensgemeinschaft bietet nicht nur für den Alltag praktische Vorteile für alle Beteiligten. Jedes Familienmitglied macht darüber hinaus auch Erfahrungen, die es in seiner persönlichen Entwicklung bereichern und stärken können – vor allem Kindern kann eine Patchwork-Familie einiges an Rüstzeug für ihren weiteren Weg mit auf den Weg geben.

Was können Kinder und Eltern von Patchwork lernen?

In normal gewachsenen Familien kennen Kinder ihre Eltern von klein auf, sie wachsen in die Struktur hinein, die die Erwachsenen ihnen vorgeben. Setzt sich eine neue Lebensgemeinschaft zusammen, wird der Nachwuchs mit fremden Menschen, anderen Erfahrungen und Vorstellungen konfrontiert. Dadurch lernen die Kinder,

- sich mit anderen Menschen auseinander zu setzen, was besonders dann erforderlich ist, wenn der neue Partner ebenfalls Kinder mit in die Beziehung bringt.
- Kompromisse auszuhandeln und einzuhalten, auch wenn es manchmal schwer fällt, was von Kindern auch ein hohes Maß an Disziplin und Verantwortungsbewusstsein erfordert.
- tolerant und offen gegenüber anderen Meinungen zu sein, denn in Patchwork-Familien besteht in der Regel die Notwendigkeit, selbst in Alltagsdingen über unterschiedliche Auffassungen zu reden und sich die Meinung der anderen Familienmitglieder anzuhören.
- neue Situationen zu meistern, denn sowohl in der alten Familie, als auch später in der Phase des Alleinerziehens

haben sich Gewohnheiten eingeschliffen, die durch den neuen Partner plötzlich in Frage gestellt oder umgeworfen werden.

■ Konflikte zu lösen und durchzustehen, statt ihnen auszuweichen, denn innerhalb der Familie besteht einfach die Notwendigkeit, Probleme zu lösen – und von denen gibt es gerade in Patchwork-Gemeinschaften oft genug. Da man gemeinsam unter einem Dach lebt, kann man ihnen – wenn überhaupt – nur eine begrenzte Zeit aus dem Weg gehen.

Für Patchwork-Eltern stellt das neue Zusammenleben natürlich ebenfalls eine große Herausforderung dar: Auch die beiden Partner werden in puncto Toleranz, Kompromissbereitschaft und Konfliktfähigkeit gefordert: Plötzlich ist da jemand, der möglicherweise Ihre Art der Erziehung in Frage stellt. Oder ganz andere Vorstellungen von einem partnerschaftlichen Zusammenleben hat. Je offener Sie sich dieser Herausforderung stellen, desto besser können Sie den Kindern mit Ihrem Verhalten als Beispiel dienen: Wenn der Nachwuchs sieht, dass auch die »Großen« sagen können »Stimmt, das habe ich bisher zwar anders gesehen, aber in diesem Punkt hast du Recht. Da werde ich meine Meinung ändern müssen«, wird er selbst dazu ermutigt, nicht auf dem eigenen Standpunkt zu verharren, selbst wenn er sich als falsch herausstellt. Wenn Kinder erfahren, dass ihre Eltern in der Lage und dazu bereit sind, ihre eigene Meinung immer wieder zu überprüfen und auch Neues zuzulassen, werden sie selbst offener und toleranter. Gleichzeitig lernen sie jedoch auch, dass man für seinen Standpunkt eintreten und Argumente finden muss – Qualitäten also, die ihnen im Erwachsenenleben äußerst hilfreich sein werden.

Alles wird gut?!

Diesmal, das nehmen sich wohl alle Patchwork-Eltern vor, soll es endlich klappen. Diesmal will man die Fehler aus vorangegangenen Beziehungen nicht mehr machen. Das sind hoch gesteckte Ziele. Und um die zu erreichen, muss die neue Familie viel unter sich klären und regeln.

Vorurteile von Freunden, Nachbarn, Kollegen und der eigenen Familie schüren zusätzlich bereits vorhandene Selbstzweifel: »Mache ich es auch wirklich richtig? Bin ich nicht doch zu egoistisch?« Doch seien Sie selbstbewusst: Ja, Sie machen es richtig! Sie haben den Mut, es noch einmal zu versuchen und sich den vielen Aufgaben zu stellen, die auf eine Patchwork-Familie zukommen. Und: Nein, Sie sind keineswegs zu egoistisch, weil Sie sich den »Luxus« einer neuen Beziehung gönnen! Das ist nämlich Ihr gutes Recht – und auch das Ihrer Kinder.

6. Rat und Hilfe

Erziehungs- und Familienberatung

Beratungsstellen finden Sie sowohl bei Kirchen, Städten, Gemeinden, Wohlfahrtsverbänden als auch bei freien Initiativen. Adressen werden regelmäßig in örtlichen Tageszeitungen veröffentlicht, stehen aber auch im Telefonbuch sowie im Branchenverzeichnis.

Darüber hinaus erhalten Sie Adressen von Beratungsstellen in Ihrer Nähe bei folgenden Institutionen:

Bundeskonferenz für Erziehungsberatung e. V.
Herrnstraße 53, 90763 Fürth
Telefon: 0911/97 71 41
Fax: 0911/74 54 97
Internet: www.bke.de

Pro Familia
Stresemannallee 3, 60596 Frankfurt
Telefon: 069/63 90 02

Diakonisches Werk der Evangelischen Kirche
Stafflenbergstraße 76, 70148 Stuttgart
Telefon: 0711/2 15 94 53

**Deutsche Arbeitsgemeinschaft für Jugend- und
Eheberatung e. V. (DAJEB)**
Neumarkter Straße 84 c, 81673 München
Telefon: 089/4 36 10 91
Internet: www.dajeb.de
E-Mail: dajeb@aol.com

**Bundesarbeitsgemeinschaft für Ehe-, Familien- und
Lebensberatung**
Kaiserstraße 163, 53113 Bonn
Telefon: 0228/10 32 31

**Bundesarbeitsgemeinschaft für Beratung bei Familienkrisen,
Trennung und Scheidung**
Germersheimerstraße 26, 81541 München
Telefon: 089/49 64 11

Selbsthilfeforum
Zahlreiche Links, Informationen und Kontaktmöglichkeiten
zu Selbsthilfegruppen finden sich auch im Selbsthilfeforum
im Internet unter der Adresse **www.selbsthilfe-forum.de**

Psychotherapeutische Beratung

Eine Auflistung psychotherapeutischer Praxen in Ihrer Nähe
finden Sie im Telefon- oder Branchenbuch. Außerdem können Sie eine Liste mit Therapeuten bei Ihrer Krankenkasse an-

fordern – diese Liste enthält nur Therapeuten, deren Behandlung von den Krankenkassen bezahlt wird.

Außerdem gibt es die Möglichkeit, eine Auswahl in Frage kommender Therapeuten zu erhalten beim:

Psychotherapie-Informations-Dienst
Er ist unter der Bonner Rufnummer 0228/74 66 99 erreichbar, und zwar montags, dienstags, donnerstags und freitags zwischen 9 und 12 Uhr sowie montags und donnerstags zwischen 13 und 16 Uhr. Internet: **www.psychotherapiesuche.de**.

Selbsthilfegruppen

Hier erhalten Sie eine Aufstellung von Selbsthilfegruppen in Ihrer Nähe:

Bundesarbeitsgemeinschaft Selbsthilfegruppen Stieffamilien
Sulzbacher Straße 15–21, 65812 Bad Soden
Telefon: 06196/64 15 03
Internet: www.stieffamilien.de

Deutsche Arbeitsgemeinschaft Selbsthilfegruppen e. V.
Hilft beispielsweise weiter, wenn Sie eine eigene Selbsthilfegruppe gründen möchten.
Friedrichstraße 28, 35392 Gießen
Telefon: 0641/9 94 56 12
Fax: 0641/9 94 56 19

Interessenverband Unterhalt und Familienrecht e. V.
Bauvereinstraße 30, 90119 Nürnberg
Telefon: 0911/55 04 78

Kinder

Hier einige Adressen und Telefonnummern, an die sich Kinder in Konfliktsituationen wenden können – natürlich auch Erwachsene, die von der Notlage eines Kindes wissen und Rat und Unterstützung brauchen, um dem Kind zu helfen.

Deutscher Kinderschutzbund e. V.
Telefon: 0511/30 48 50

Deutscher Kinderschutzbund, Hotline für Kinder und Jugendliche
(montags bis freitags 15 bis 19 Uhr, kostenfrei)
Telefon: 0800/1 11 03 33

Arbeitsgemeinschaft Deutscher Frauen- und Kinderschutzhäuser
Telefon: 0761/40 64 44

Deutsche Gesellschaft gegen Kindesmissbrauch und -vernachlässigung e. V.
Telefon: 0221/13 64 27

Kindernetzwerk e. V.
Telefon: 06021/1 20 30

Homosexuelle

Hier erhalten Homosexuelle Informationen und Unterstützung sowie juristische Tipps für ihre besondere Lebenssituation.

Lesben- und Schwulenverband Deutschland e. V.
Katzbachstraße 5, 10965 Berlin
Telefon: 030/78 95 47 63
Fax: 030/44 00 82 41
Internet: www.schwulenverband.org

Bundesarbeitsgemeinschaft Schwule Juristen BASJ
C/o HS e. V.
Postfach 120522, 10595 Berlin
Internet: www.lsvd.de/recht/
E-Mail: recht@lsvd

Register

A

Abneigung, gegenüber den Kindern des Partners 44 ff.
    Lösungsvorschläge 45 f.
    Ursachenforschung 45
Adoption, Gründe für 99
    Gründe gegen 100
    und Scheidung 101 f.
Adoptionsverfahren 101
Alltag, proben 22 f.
    Spielregeln für den 26 ff.
Angst 55

B

Badezimmer, Benutzung des 28
Besuchsrecht 27, 91
Besuchswochenende 77 ff., 82, 84
Briefwechsel, interfamiliärer 68

E

Ehegatten-Splitting 102
Ehevertrag 93

Eifersucht 20, 55, 57 ff.
  beim Partner 74 ff.
  Symptome bei älteren Kindern 61 ff.
  Symptome bei jüngeren Kindern 61
  Tipps 64 ff.
  vorbeugen, bei den eigenen Kindern 58 f.
  vorbeugen, bei den Kindern des Partners 59
Eigenheimzulage 108 ff.
  Antrag 110
  Auszahlung 110
  Fördergrundbetrag bei An- oder Neubau 109
  Fördergrundbetrag bei Kauf 108 f.
  Fördergrundbetrag bei Neubau 109
  Höchstgrenze 110
  Kinderzulage 109
  Laufzeit 109
Einsamkeit 55
Erbrecht 93 f., 98
Erbschaftsansprüche 93
Erziehungsfragen 39, 48 ff., 66 f., 70, 72, 78
  Kompromisse finden 49 f.
  Regelwerk 50 ff.
Ex-Partner,Einmischung durch den 79 ff.
  Kinder einbeziehen bei Streit mit dem 83 f.
  Kompromisse finden mit dem 81 ff.
  Probleme mit dem 76 ff.

F

Familienplan 29
Familienrat 28
Fernsehkonsum 78
Fördergrundbetrag 108 f.

Freiräume, für den Partner bewahren 33 f.
Freunde, gegen die neue Beziehung 86 ff.
Freundschaft, mit Kindern des Partners 36 f.
    Tipps 36 f.

G
Gerechtigkeit, gegenüber Kindern 43 f.
    Tipps 43 f.
Gewissen, schlechtes 42

H
Hauseigentum 97 ff.
Haushalt, Aufgaben im 28
Haushaltskasse 27
Homosexuelle Partnerschaften, Adoption in 123
    Ressentiments gegen 116 f.
    Sorgerecht in 119 f., 122
    Unterhalt nach Trennung 123 f.
    Vorbilder für Kinder in 117 f.

K
Kinder, Ablehnen des neuen Partners 18 ff.
    als Mittel zum Zweck 81
    des Partners »bemuttern« 35 f.
    des Partners kennen lernen 15 ff.
    eigene in neuer Beziehung 39 ff.
    erstes Treffen mit dem neuen Partner 16 ff.
    Reaktion auf Trennung der Eltern 16
    Umzug schmackhaft machen 25
Kinderfreibetrag 103 f.
Kindergeld 103 ff.
Kinderzulage 109, 111

Konkurrenz, neuer Partner als 69 ff.
    Tipps 72 ff.

L

Lastenzuschuss 106
Lebenspartnerschaftsgesetz 120 ff.

M

Mietvertrag 96

O

Outing 113 ff.
    Wie erklär ich's meinem Kind? 115 f.

P

Partnerschaftsvertrag 93
Patchwork-Familien, Prognose Deutschland 10

R

Rituale 21, 29, 58
Rollenspiel 32

S

Schadensersatz 97
Scheidungsrate 10
Schuldgefühle 15, 65
Schulwechsel 25
Sorgerecht 91
Sozialwohnung 108
Stiefeltern, Rechte der 90 ff.
Stiefvater (-mutter), Ersatz
    für leiblichen Elternteil 38 f.

Streit, unter Geschwistern 53 ff.
    Tipps 53 ff., 56 f.

T

Taschengeld 27, 43
Testament 94 f.

U

Umgangsrecht 91
Unterhaltspflichten 93
Unterhaltszahlungen 104

V

Verbleibensanordnung 92
Verwandte, gegen die neue Beziehung 86 ff.
Vorteile, von Patchwork-Familien 128 ff.
Vorurteile, gegenüber Patchwork-Familien 125 ff.

W

Wohngeld 105 ff., 108
    Beispiele für Berechnung 106 ff.
Wohnung, gemeinsame 95 ff.
    räumliche Aufteilung 26
    Wohnungseigentum 97 ff., 106
Wohnungssuche 25 f.

Z

Zusammenziehen, gegen den Willen der Kinder 29 ff.
    Tipps 30 f.
    warum, wie und wo 22 ff.
Zweisamkeit, Zeit für 31 f., 74 ff.
    Tipps 75 f.

Asha Phillips
Eltern müssen NEIN sagen
Richtig Grenzen setzen
272 Seiten
ISBN 3-8025-1454-8

Kaum etwas bereitet Eltern größere Sorgen als die Frage, ob sie ihre Sprösslinge richtig erziehen. Mit der Aufgabe, ihr Kind stark zu machen für das Leben, fühlen sich viele überfordert. Wohlstand, Konsumdruck und Markenterror lassen oftmals aus fürsorglicher Zuwendung unbewusst Verwöhnung und Verhätschelung werden. Lernen Sie frühzeitig, Nein zu sagen, denn Kinder brauchen Grenzen!

Asha Phillips, erfahrene Psychotherapeutin, widmet sich fachkundig und ausführlich den spezifischen Problemen, denen sich Eltern in den verschiedenen Entwicklungsstadien ihrer Kinder ausgesetzt sehen – anschaulich illustriert mit Fallstudien aus ihrer eigenen Praxis.

Eine Pflichtlektüre für all jene, die nicht wollen, dass aus den lieben kleinen Engeln große Tyrannen werden.